쉽게 배우는 인테리어

※일러두기

- 원서에서 다다미(일본의 일반적인 방 면적 단위, 1다다미≒1.62㎡)로 표기된 면적은 ㎡로 환산해 반올림하였습니다.
- 본문 중 '*'이 달린 용어에 대한 설명은 P184~187에서 보실 수 있습니다.

Photographer

이시구로 미호코 石黒美穗子 우리사카 미에코 瓜坂三江子 가타야마 타츠지 片山達治 가와쓰미 토모아키 川隅知明 고바야시 케이스케 小林惠介
타다 마사히로 多田昌弘 하야시 히로시 林ひろし 후지와라 다케시 藤原武史 마츠이 히로시 松井ヒロシ 미야타 토모아키 宮田知明
모리야스 아키라 森安照 야마구치 코이치 山口幸一 사야마 유코 佐山裕子 사와사키 노부다카 澤﨑信孝 시바다 카즈노리 柴田和宣
치바 미츠루 千葉充 마츠기쥰 松木潤 쿠로사와 토시히로 黒沢俊宏 스즈키 아미코 鈴木江実子

HAJIMETE NO INTERIOR KIHON LESSON
by Shufunotomo Co., Ltd.
Copyright ⓒ SHUFUNOTOMO CO., LTD 2012
All rights reserved.
Original Japanese edition published by Shufunotomo Co., Ltd.
Korean translation rights ⓒ 2014 by Samho Media
Korean translation rights arranged with Shufunotomo Co., Ltd., Tokyo
through Botong Agency, Seoul, Korea

이 책의 한국어판 저작권은 보통에이전시를 통한 저작권자와의 독점 계약으로 삼호미디어가 소유합니다.
신 저작권법에 의하여 한국 내에서 보호를 받는 저작물이므로 무단전재와 무단복제를 금합니다.

쉽게 배우는 인테리어
INTERIOR LESSON

주부의벗사 지음 | 김주원 감수 | 노경아 옮김

samho MEDIA

당신은 어떤 스타일의 인테리어를 좋아하나요?
어떤 집에서 살고 싶나요?

집을 꾸미려면 자신이 어떤 인테리어 스타일을 좋아하는지부터 알아야 합니다.
자신과 가족의 '취향'이 어우러진 집이야말로 진정한 '우리 집'이라고 할 수 있습니다.

이 책은 쾌적한 집을 만드는 데 필요한 기본 지식을 다루는 인테리어 입문서입니다.
이 책을 잘 활용해 편안하고 멋진 집을 만드시기 바랍니다.

차례

Part 1 어떤 집에서 살고 싶은가요?

- » Type 01 나무와 테라코타 타일 등 자연 소재의 투박한 질감이 느껴지는 집 • 12
- » Type 02 자연 소재의 섬세함이 느껴지는 시간이 흐를수록 아름다운 집 • 13
- » Type 03 내추럴한 목재에 콘크리트와 철재 등 차가운 소재를 매치한 남성적인 분위기의 집 • 14
- » Type 04 낡은 듯한 소나무 원목과 앤티크 소품이 어울리는 소박하고 따뜻한 느낌의 집 • 15
- » Type 05 식물이 프린트된 벽지와 황갈색 타일이 돋보이는 영국의 시골풍 집 • 16
- » Type 06 우아한 흰색 가구와 굵직한 밤색 목재의 색상 대비가 돋보이는 프랑스의 시골풍 집 • 17
- » Type 07 흰색과 베이지의 뚜렷한 직선으로 이루어진 단정한 집 • 18
- » Type 08 단정한 직선과 나무의 따스함이 더해진 자연스러운 집 • 19
- » Type 09 북유럽 디자이너의 가구가 잘 어울리는 따뜻하고 아름다운 집 • 20
- » Type 10 직선적인 디자인과 매끄러운 소재, 모던한 가구로 연출한 도시적인 집 • 21
- » Type 11 흰색과 은색, 가느다란 선이 경쾌하고 시원한 느낌을 주는 집 • 22
- » Type 12 나무의 질감과 편안한 곡선이 돋보이는 현대적 감각의 집 • 23
- » Type 13 좌우대칭의 균형미와 전통적인 가구로 서유럽 인테리어의 아름다움을 재현한 집 • 24
- » Type 14 앤티크 가구와 나무, 종이, 가죽 등 천연소재를 활용한 중후한 분위기의 집 • 25
- » Type 15 연한 색상과 패브릭, 고전적인 장식으로 멋을 낸 여성스러운 분위기의 집 • 26
- » Type 16 서양과 아시아풍이 조화로운 자연스럽고 운치 있는 집 • 27

당신의 인테리어 취향을 찾아보세요 • 28

Part 2 인테리어 코디네이션 기본 레슨

- **Lesson 1** 이상적인 집을 만드는 5가지 규칙 · 30
- **Lesson 2** 성공적인 인테리어를 위한 7단계 · 32
- **Lesson 3** 원하는 인테리어 스타일 실현 · 34

  » **Basic Style 01** 내추럴 · 36
    Basic + α **02** 페미닌 내추럴 38 | Basic + α **03** 매니시 내추럴 39

  » **Basic Style 04** 컨트리 · 40
    Basic + α **05** 브리티시 컨트리 42 | Basic + α **06** 프렌치 컨트리 43

  » **Basic Style 07** 심플 · 44
    Basic + α **08** 심플 내추럴 46 | Basic + α **09** 북유럽 스타일 47

  » **Basic Style 10** 모던 · 48
    Basic + α **11** 심플 모던 50 | Basic + α **12** 내추럴 모던 51

  » **Basic Style 13** 클래식 · 52
    Basic + α **14** 트래디셔널 54 | Basic + α **15** 엘리건트 55

  » **Basic Style 16** 재패니즈 아시안 · 56

인테리어 스타일을 혼합해보세요 · 58

Part 3 컬러 코디네이션 기본 레슨

- **Lesson 1** 색 배분 공식은 70:25:5 · 60
- **Lesson 2** 색 배치의 핵심은 '반복' · 62
- **Lesson 3** 장식과 인테리어 아이템의 배색 · 64
- **Lesson 4** 색의 이미지에 대한 기본 지식 · 68

  » **Theme 1** 색상과 이미지 · 68
  » **Theme 2** 색조와 이미지 · 70

- **Lesson 5** 4가지 유형의 기본 배색 · 72

  Pattern **01** 같은 색 72 | Pattern **02** 같은 색조 74
  Pattern **03** 유사색 76 | Pattern **04** 반대색 77

White Interior 흰색은 한 가지 색이 아니다! 무궁무진한 흰색의 변신 · 78

Part 4 가구 선택과 레이아웃 레슨

Lesson 1 아이템별 가구 선택법 • 80
- Item 01 식탁과 의자 80 | Item 02 소파 82
- Item 03 침대 84 | Item 04 식기장 85
- Item 05 거실 탁자 85 | Item 06 서랍장과 옷장 85
- Item 07 선반장 85 | Item 08 거실장 85

Lesson 2 가구 배치의 3대 기본 규칙 • 86

Lesson 3 가구 배치의 기본 포인트 • 88
- Room 01 거실과 식당 88 | Room 02 침실 94 | Room 03 아이 방 96

Lesson 4 가구를 잘 관리하는 방법 • 98
- Item 01 목제 가구 98 | Item 02 직물 100
- Item 03 가죽 100 | Item 04 합성피혁 101
- Item 05 강철과 철 101 | Item 06 등나무 101
- Item 07 매트리스 101 | Item 08 경첩과 손잡이 101

평생 간직할 가구를 판매하는 매장 • 102

Part 5 창 주변 장식 기본 레슨

Lesson 1 창 주변 장식에 대한 기초 • 112
- » Theme 1 창 주변 장식 아이템 • 112
- » Theme 2 원단의 종류 • 113
- » Theme 3 기능성 직물 • 113

Lesson 2 창 주변 장식 아이템 • 114
- Item 01 커튼 114 | Item 02 가로 블라인드 116
- Item 03 버티컬 블라인드 117 | Item 04 플리티드 스크린 117
- Item 05 롤스크린 118 | Item 06 로만셰이드 119

Lesson 3 창 설계 기초 지식 • 120
- » Theme 1 창 설계의 기본 … 120
- » Theme 2 창 설계 포인트 … 121

Part 6 조명 설계 기본 레슨

Lesson 1 조명의 종류와 선택 기본 레슨 • 124
   » Theme 1 주 조명과 보조 조명 • 124
   » Theme 2 전구의 종류 • 125
   » Theme 3 조명 기구의 빛 확장 • 126
   » Theme 4 조사면에 따라 달라지는 공간의 인상 • 127

Lesson 2 쾌적한 인테리어를 만드는 조명 기술 • 128

Lesson 3 디자이너가 만든 인기 조명 기구 • 130
   Case 01 심플한 가구, 예술품과 싱그러운 화분, 독특한 형태의 조명이 인테리어 포인트가 된다 134
   Case 02 북유럽 모던과 20세기 복고가 어우러진 따스한 카페 스타일의 인테리어 136

Trend 여러 개의 조명으로 풍성해진 인테리어 • 138

Part 7 주방 가구 선택과 배치 기본 레슨

Lesson 1 주방 가구의 배치와 사이즈 • 140
   » Theme 1 주방 가구의 배치 • 140
   » Theme 1 주방 가구의 크기 • 141

Lesson 2 주방 가구 선택의 기본 지식 • 142
   Item 01 조리대 상판 142 | Item 02 문과 손잡이 142
   Item 03 개수대 · 수도꼭지 143 | Item 04 식기세척기 143
   Item 05 레인지 144 | Item 06 레인지후드 144 | Item 07 주방 수납장 145

Lesson 3 주방 설계에 관한 기본 레슨 • 146
   Planning 01 오픈형 주방 146 | Planning 02 세미오픈형 주방 148
   Planning 03 폐쇄형 주방 149

최신 시스템 주방 카탈로그 • 150

Part 8 디스플레이 기본 레슨

- Lesson 1 디스플레이의 5가지 포인트 • 156
- Lesson 2 사진과 예술품의 디스플레이 • 160

Part 9 아이템별 편리한 수납 레슨

- » Rule 1 사용 장소와 가까운 곳에 제자리를 만든다 • 164
- » Rule 2 잡다한 물건은 숨기고, 마음에 드는 물건은 드러낸다 • 166
- » Rule 3 자잘한 물건은 칸막이와 라벨을 활용해 수납한다 • 167
- » Rule 4 색과 소재를 통일해 깔끔하게 연출한다 • 168
- » Rule 5 공간을 효과적으로 활용해 수납 용량을 늘린다 • 170

Part 10 쉽게 배우는 인테리어 용어 사전

- » File 01 가구 • 172
  - ❶ 디자이너 의자 172
  - ❷ 앤티크 체어 175
  - ❸ 가구 용어 177
- » File 02 재질 · 내장재 • 178
- » File 03 조명 • 180
- » File 04 문 · 창 • 181
- » File 05 집 구조 • 182

용어 해설 • 184

Part 1

어떤 집에서
살고 싶은가요?

당신은 어떤 인테리어 스타일을 좋아하나요?
이 질문의 답을 통해 당신이 어떤 집에서 살고 싶은지에 대해 알 수 있습니다.
이번 Part 1에서는 한 페이지에 한 집씩 모두 16가지 스타일의 집을 소개합니다.
각 집을 보며 막연하게 꿈꾸기만 하였던, 살고 싶었던 집을 고를 수 있다면
당신도 집 꾸미기의 큰 첫걸음을 내디딘 셈입니다.

나무와 테라코타 타일 등 자연 소재의 투박한 질감이 느껴지는 집

도미자와 씨의 집·단독주택 | 디자인 설계 : 서브(Serve) www.serve.co.jp

» Type 01

▲ **단정하면서 편안한 공간**
주로 직선으로 이루어진 깔끔한 인테리어. 목제 가구와 자연스럽게 가지를 뻗은 관엽 식물, 땔감용 장작이 여유로운 분위기를 자아낸다.

▼ **원목과 초벌구이 타일로 소재의 질감이 돋보이는 공간**
주방 수납장은 소나무를 씻어내기* 기법으로 희끗희끗하게 마감했다. 바닥에는 분위기 있는 테라코타 타일을 깔아 소재의 자연스러운 질감이 살아 있는 인테리어를 완성했다.

자연 소재의 섬세함이 느껴지는
시간이 흐를수록 아름다운 집

사이토 씨의 집 · 단독주택 | 설계 : 살라즈(Sala's) www.sala-s.jp

» Type 02

▲ **고재의 질감과 풍성한 흰색으로 부드럽게 연출**
소나무 바닥재에 천연 컬러 파우더가 섞인 왁스를 발라 고재처럼 연출했다. 문과 가구는 흰색으로 칠해 분위기가 부드러워졌다.

▲ **프릴과 레이스로 여성스럽게 연출**
마룻바닥과 회벽의 자연스러운 질감. 여기에 프릴처럼 디자인된 유리 전등갓. 레이스로 만든 도어 커튼이 여성스러운 분위기를 더한다.

▲ **모서리가 뭉툭해 따스해 보이는 고재와 섬세한 디테일**
고재* 식탁과 천장의 들보는 모서리가 뭉툭해져 둥글둥글하고 온화한 느낌이다. 한편, 주방 벽의 자잘한 흰색 모자이크 타일에서는 섬세함이 느껴진다.

내추럴한 목재에 콘크리트와 철재 등 차가운 소재를 매치한 남성적인 분위기의 집

T 씨의 집 · 아파트

» Type 03

▲ 철과 콘크리트를 이용해 낡은 공장처럼 연출
식당과 주방은 묵직한 철제 프레임을 사용한 테이블과 의자, 선박용 전구 등으로 공장과 같은 분위기를 만들었다.

▼ 내추럴한 인테리어에 딱딱한 소재를 더해 긴장감을 준 공간
내추럴한 삼나무 마루, 왼쪽의 흰색 벽, 벽지를 벗겨 콘크리트를 노출한 정면의 벽, 그리고 양철 전등갓 등 차갑고 딱딱한 소재가 조화를 이루어 멋진 공간이 완성됐다.

낡은 듯한 소나무 원목과 앤티크 소품이 어울리는 소박하고 따뜻한 느낌의 집

구니카타 씨의 집 · 단독주택

» Type 04

▼ 손때가 느껴지는 소박한 소재가 놓인 공간

은은한 톤의 벽, 밀랍 왁스를 칠한 소나무 바닥, 바깥으로 밀어서 여는 격자 창문, 수제 커튼, 운치 있는 앤티크 소나무 가구 등을 활용해 유럽의 소박한 전원주택 같은 분위기를 냈다.

▲ 낡은 물건에서 느껴지는 편안한 분위기

고재 들보와 기둥이 그윽한 분위기를 풍기는 주방. 법랑 싱크, 선반에 놓인 앤티크 캐니스터* 등은 몇 십 년쯤 된 물건처럼 보인다.

식물이 프린트된 벽지와 황갈색 타일이 돋보이는 영국의 시골풍 집

다케에 씨의 집·단독주택 | 설계 : 내추럴 리빙(Natural Living) www.naturalliving.jp

» Type 05

▲ 집 안팎을 이어 주는 온실
벽에는 식물이 프린트된 아름다운 수입 벽지를 바르고 바닥에는 소박한 테라코타 타일을 깐 온실. 영국의 시골집이 떠오르는 공간이다.

▼ 유서 깊은 고택처럼 중후한 느낌의 인테리어
거친 고재로 만든 굵은 기둥과 들보, 그윽해 보이는 테라코타 타일과 낡은 가구로 인해 신축 건물이지만 고택*과 같은 중후한 분위기를 풍긴다.

우아한 흰색 가구와 굵직한 밤색 목재의 색상 대비가 돋보이는 프랑스의 시골풍 집

H 씨의 집·단독주택 | 설계 : 델리케이트툴(Delicate Tool) www.deto.jp

» Type 06

▼ 소박하고 사랑스러운 물건들로 연출한 컨트리 스타일
검은색에 가까운 굵은 들보에 바구니를 걸어 놓은 주방. 주방 도구 역시 시골풍으로 통일해 프랑스의 시골집 분위기를 한층 더했다.

▲ 질감이 다른 흰색 물건을 여러 개 놓아 프랑스풍으로 연출
흰색의 천연석이 깔린 바닥, 회벽, 앤티크 가구와 직물 제품이 어우러져 프렌치시크 스타일을 완성했다.

흰색과 베이지의 뚜렷한 직선으로 이루어진 단정한 집

다무라 씨의 집·아파트 | 설계 : 카사본 주환경 설계(Casabon) www.casabon.co.jp

» Type 07

▼ 직선과 몇 가지 색으로 수수하게 연출한 공간

가느다란 직선과 곡선으로 구성된 인테리어. 바닥과 벽, 천장을 모두 농담만 다른 비슷한 색으로 마감하고 목재는 칠을 해 나뭇결을 숨겼더니 쉽게 싫증나지 않는 공간이 되었다.

▲ 평평하고 매끄러운 질감과 기능적인 아름다움

매끄러운 질감과 직선을 활용해 깔끔하게 디자인한 주방. 화려한 장식을 없애 깔끔하고 기능이 돋보이도록 연출했다. 금속은 모두 은색으로 통일.

단정한 직선과
나무의 따스함이 더해진 자연스러운 집

곤도 씨의 집 · 단독주택

» Type 08

▼ 낡아 보이는 바닥의 질감이 포인트

아무 무늬도 없는 흰 벽과 그 벽에 달린 창이 아름다운 공간. 흰색 벽 덕분에 삼나무 비계를 재활용해 마감한 바닥과 호두나무 식탁의 질감이 더욱 돋보인다.

▲ 단정하고 자연스러운 인테리어

직선으로 이루어져 단정하고 세련돼 보이는 스테인리스 상판이 주방 인테리어의 핵심이다. 여기에 잡화, 관엽 식물이 자연스러움을 더한다.

북유럽 디자이너의 가구가 잘 어울리는 따뜻하고 아름다운 집

M 씨의 집 · 단독주택

» Type 09

▼ 나무의 따스함과 기능미를 겸비한 공간

졸참나무 마루와 한쪽 벽면을 가득 채운 『카프_karl』 수납장에서 나무의 따스함이 물씬 풍기는 공간. 소재의 질감을 없앤 평평한 마감과 단순한 선으로 깔끔하게 연출했다.

▲ 따스하고 모던한 북유럽 디자이너 의자

알바 알토*의 「아르텍66」, 「아르텍60」, 한스 J. 웨그너*의 「Y 체어」 등 북유럽 디자이너가 만든 명작 의자가 즐비하다.

직선적인 디자인과 매끄러운 소재, 모던한 가구로 연출한 도시적인 집

H 씨의 집 · 단독주택 | 설계 : 브릭스 일급건축사무소(Bricks) www.bricks-net.com

» Type 10

▼ 예리한 직선과 무채색으로 완성한 세련된 주방

빈틈없는 직선과 흰색, 검은색, 은색으로 구성된 주방. 벽의 일부와 미닫이는 광택이 있는 검은색 유리로 마감했다. 주방 가구가 바닥에 떠 있는 듯이 보인다.

▲ 광택이 있는 단단한 소재로 모던한 느낌 강조

바닥에 매끄러운 흰색 타일을 까는 등 실내를 흰색으로 통일해 깨끗한 느낌이다. 나선계단의 난간, 모던한 검은색 소파가 공간에 긴장감을 불어넣는다.

흰색과 은색, 가느다란 선이
경쾌하고 시원한 느낌을 주는 집

F 씨의 집 · 단독주택 | 설계 : 에프오비 홈즈(F.O.B HOMES) www.fobhomes.com

» Type 11

▼ **은색과 흰색으로 통일된 주방**
매우 단순한 디자인의 스테인리스 맞춤 주방. 가스레인지는 이탈리아의 『스메그_Smeg』 제품이다. 소품까지 모두 흰색과 은색으로 통일한 것이 눈에 띈다.

▲ **단순하고 가느다란 선의 경쾌한 느낌**
집 안으로 들어온 빛이 깨끗한 흰색 벽에 반사돼 거실과 주방은 언제나 환하다. 가느다란 선으로 구성된 계단에서는 경쾌한 인상이, 경질 모르타르를 바른 바닥에서는 쿨한 인상이 풍기는 멋진 공간이다.

나무의 질감과 편안한 곡선이 돋보이는 현대적 감각의 집

Y 씨의 집 · 단독주택 | 설계 : 라이트 스터프 디자인 팩토리 www.rightstuff.jp

» Type 12

▲ **무기질과 유기질, 직선과 곡선의 절묘한 균형**
식당과 주방 바닥은 모르타르로, 거실 바닥은 조립식 마루로 마감했다. 천장 조명은 세르주 무이의 3등 램프다. 무기적인 것과 유기적인 것이 융합된 공간이다.

▼ **나무의 질감이 돋보이는 강렬한 인테리어**
하나의 원목 가구처럼 보이는 주방 싱크대와 목제 가구, 마룻바닥 등으로 나무의 질감을 강조했다. 한편, 날렵한 선과 네모난 상자 같은 실내 장식, 짙은 색의 배색은 강렬한 분위기를 자아낸다.

좌우대칭의 균형미와 전통적인 가구로 서유럽 인테리어의 아름다움을 재현한 집

T 씨의 집 · 단독주택 | 설계 : 코츠월드(Cotsworld) www.cotsworld.com

» Type 13

▲ **맨틀피스가 멋진 거실**
난로를 둘러싼 맨틀피스*가 거실 인테리어의 핵심이다. 맨틀피스 위에는 전통적인 디스플레이 기법에 따라 커다란 거울과 촛대가 놓여 있다.

▼ **품격 있는 형식미가 느껴지는 인테리어**
밖으로 둥글게 돌출된 창문 앞에 가구를 좌우대칭으로 배치해 조지안 양식으로 꾸민 거실. 헤링본 패턴의 바닥도 고전적이다.

앤티크 가구와 나무, 종이, 가죽 등 천연 소재를 활용한 중후한 분위기의 집

다노쿠치 씨의 집 · 단독주택 | 디자인 설계 : 고마치 가구 www.komachikagu.com

» Type 14

▲ 아름다운 나뭇결과 세공을 자랑하는 앤티크 가구 인테리어

서재 인테리어의 주인공은 1920년대에 만들어진 떡갈나무 장식장이다. 액자 테두리, 커튼, 카펫은 적포도주 색으로 통일했다.

▼ 차분한 색조를 사용하고 안정감 있는 구조로 배치한 거실

맨틀피스의 좌우에 대칭으로 가구를 배치한 거실. 묵직해 보이는 가죽 소파와 진한 녹색의 페인트를 칠한 벽이 중후하고 차분한 분위기를 자아낸다.

연한 색상과 패브릭, 고전적인 장식으로 멋을 낸 여성스러운 분위기의 집

구로가와 씨의 집 · 단독주택 | 인테리어 : 사라그레이스(Sara Grace) www.zakka-sara.com

» Type 15

▲ 흰색과 회색의 고전적인 가구와 장식으로 부드러워진 분위기
고전적인 석상과 버드배스* 등의 정원 장식품을 활용해 꾸민 코너. 회색을 약간 추가해서 공간이 단조로워지지 않게 했다.

▲ 소재의 질감과 색감을 이용한 입체적인 공간
흰색이 기본인 공간에 크림색 가구와 옅은 회색의 직물을 이용해 입체감 있는 공간을 완성했다.

▲ 곡선과 주름, 레이스로 여성스러운 분위기
프랑스 가구가 즐비한 화이트 인테리어의 식당. 곡선 장식과 커튼의 주름, 레이스와 천 등이 부드럽고 따뜻한 느낌을 풍기는 여성스러운 공간이다.

서양과 아시아풍이 조화로운
자연스럽고 운치 있는 집

스가와라씨의집·단독주택 | 설계: ATELIER-ASH(아틀리에 애쉬) www.atelier-ash.jpn.com

» Type 16

▲ **서양식 구조에 전통 종이와 아시아 소품을 곁들인 공간**
문턱을 없애면서 안팎의 공간을 구분하기 위해 벽의 색을 약간 다르게 칠하고 안쪽에 테두리 없는 다다미를 깐 현대적인 느낌의 다다미방. 다다미 위에 깔린 아름다운 직물은 이란의 올드 킬림*.

▼ **현대적으로 변형한 동양식 공간**
벽에 장인이 직접 만든 전통 종이를 발라 편안함을 느끼도록 한 거실. 서랍장은 한국의 전통 가구인 반닫이*.

당신의 인테리어 취향을 찾아보세요

지금까지 소개한 집들은 일반적으로 아래와 같은 이름으로 불리는 인테리어 스타일의 대표 예입니다.
하지만 인테리어란 소재와 마감, 배색 등에 따라 분위기가 달라지기 때문에
내가 생각하는 내추럴 스타일과 가족 또는 설계자가 생각하는 내추럴 스타일이 일치한다고 장담할 수는 없습니다.
그래서 Part 2에서는 당신이 생각하는 스타일을 실현하기 위해 알아두어야 할 각 인테리어 스타일별 특징을 분석하였습니다.

Type 01
→ 내추럴 스타일
P. 36

Type 02
→ 페미닌 내추럴 스타일
P. 38

Type 03
→ 매니시 내추럴 스타일
P. 39

Type 04
→ 컨트리 스타일
P. 40

Type 05
→ 브리티시 컨트리 스타일
P. 42

Type 06
→ 프렌치 컨트리 스타일
P. 43

Type 07
→ 심플 스타일
P. 44

Type 08
→ 심플 내추럴 스타일
P. 46

Type 09
→ 북유럽 스타일
P. 47

Type 10
→ 모던 스타일
P. 48

Type 11
→ 심플 모던 스타일
P. 50

Type 12
→ 내추럴 모던 스타일
P. 51

Type 13
→ 클래식 스타일
P. 52

Type 14
→ 트래디셔널 스타일
P. 54

Type 15
→ 엘리건트 스타일
P. 55

Type 16
→ 재패니즈 아시안 스타일
P. 56

Part 2

인테리어 코디네이션 기본 레슨

Part1에서 자신이 어떤 스타일을 좋아하는지 알았다면,
Part 2에서는 각 스타일을 구성하는 요소에 대해 알아볼 차례입니다.
스타일의 특징을 소재, 질감, 형태, 색상의 4가지 요소로 나누어 자세히 설명합니다.

Lesson 1
Coordinate

집을 꾸미기 전에 미리 알아둘 기본 중의 기본

이상적인 집을 만드는 5가지 규칙

이상적인 집이란 세련되고 여유로우며 청결함이 유지되는 집입니다.
그러한 집을 만들기 위한 기본 규칙에 대해 알아보겠습니다.

Rule 1 나만의 스타일을 찾는다

인테리어는 벽과 천장의 기본 장식이나 가구는 물론 작은 소품과 생활용품에 이르기까지 자신이 선택한 다양한 아이템으로 완성된다. 다양한 인테리어 디자인이 넘쳐나는 시대에 이상적인 집을 만들기 위해서는 자신이 좋아하는 인테리어 스타일을 명확하게 파악하고 분명한 선택 기준을 세우는 것이 무엇보다 중요하다. 가족의 취향과 생활 방식을 고려해 자신에게 맞는 스타일을 찾자.

이상적인 집을 만들기 위한 체크리스트

☐ 나는 어떤 스타일을 좋아하는가?
　P. 28에서 마음에 드는 스타일을 찾아보자.

☐ 가족의 취향은?
　함께 사는 사람의 취향도 알아야 한다.

☐ 좋아하는 스타일이 내 생활 방식에 적합한가?
　정리와 청소, 유지·보수 등을 고려한다.

Rule 2 가족 구성원과 가족의 라이프스타일을 고려한다

자신과 가족에게 꼭 맞는 인테리어를 실현하려면 가족 생활에 적합한 기능을 갖추었는지, 그리고 가족의 취향에 맞는 디자인인지를 고려해야 한다.

우선 가족의 생활 방식을 고려해 집에 어떤 기능이 필요한지 생각해보자. 가령 거실과 식당을 설계하려면 가족의 인원수와 연령 구성, 식사 방식, 그리고 함께 있을 때 어떻게 시간을 보내는지, 손님은 얼마나 자주 오는지, 접대는 어떻게 하는지 등을 확인해야 한다. 그래야 가구를 고르고 배치할 수 있으며, 조명 기구도 선택할 수 있다.

집은 기본적으로 일상생활에 필요한 것이 적재적소에 아름답고 편리하게 비치되어 있을 때 쾌적해진다. 또한 인테리어는 가족이 매일 보고 만지게 되므로 가족이 가장 편안하게 느끼는 색과 소재, 디자인을 선택해야 한다.

리노베이션을 통해 고풍스러운 분위기로 변신한 집.

이상적인 집을 만들기 위한 체크리스트

☐ 그 방을 쓸 가족 구성과 연령대는?
　누가 어떻게 쓸 방인가?

☐ 방의 용도는?
　방에서 어떻게 생활하는가?

☐ 편안하게 사용할 수 있는 방인가?
　가족의 취향과 쉬는 방식을 상세히 확인한다.

Rule 3 집을 구성하는 요소들 간의 균형을 중시한다

유명 브랜드의 옷도 잘못 맞춰 입거나 어울리지 않는 소품과 조합하면 그 진가를 발휘하지 못한다. 입는 사람에게 어울려야 하는 것은 물론 치수 또한 잘 맞아야 한다. 인테리어 역시 이와 똑같은 규칙이 적용된다.

집을 구성하는 설비와 가구, 커튼과 조명 등을 인테리어 요소라고 한다. 그런데 그 각각의 디자인이 아무리 훌륭해도 서로 어울리지 않으면 어떠한 장점도 살릴 수 없다. 각각의 디자인을 내세우기보다는 각 요소가 기존 인테리어와 어떤 조화를 이루는지, 전체적인 코디네이션이 더 중요할 때가 많기 때문이다. 따라서 무엇을 살 때는 집에 어울리는지, 다른 가구들과 어울리는지와 같은 전체적인 균형과 조화를 생각해야 한다.

구성 요소의 크기도 중요하다. 멋진 침대라도 침실을 꽉 채울 정도로 크다면 문제가 된다. 인테리어에서는 넓이를 평면으로 파악하기보다 입체적인 폭, 즉 물건의 볼륨감을 의식해야 한다. 좁은 집이라면 물건 때문에 공간이 답답해지지 않아야 하고, 천장이 높고 넓은 집이라면 큼직한 가구를 두어 공간이 썰렁해지지 않도록 해야 한다. 색과 무늬 역시 넓이감에 영향을 주니 모든 면을 체크해 균형 잡힌 계획을 세우자.

> **이상적인 집을 만들기 위한 체크리스트**
> - ☐ 가구와 커튼, 조명 기구 등의 디자인과 소재, 색상
>   전체적으로 조화로운가?
> - ☐ 가구의 크기와 색상
>   방의 넓이, 가족의 체격에 적합한가?
> - ☐ 커튼과 벽지, 바닥재 등의 색상
>   방의 넓이에 적합한가?

Rule 4 유지·관리와 생활 편의성을 고려한다

> **이상적인 집을 만들기 위한 체크리스트**
> - ☐ 소재와 마감의 강도, 손질법이 본인의 생활 방식에 적합한가?
>   손이 많이 가는 물건인가?
> - ☐ 일상생활을 하기에 안전한가?
>   흠집이 나기 쉬운 소재나 디자인은 아닌가?
> - ☐ 가구를 청소하기 편한 위치에 놓을 수 있는가?
>   청소기를 작동하기 좋은 동선을 설계할 수 있는가?

가구와 일용품은 매일 사용하면서 더럽혀지고 상처가 생기기 마련이다. 그리고 각각 소재나 마감 방식에 따라 손질법과 내구성도 가지각색이어서 제각기 장단점이 있다. 그것을 잘 이해한 후에 선택의 우선순위를 정하자. 참고로 가구를 배치할 때는 청소의 편의성까지 생각해야 한다.

Rule 5 예산이 부족하다면 우선순위를 정한다

> **이상적인 집을 만들기 위한 체크리스트**
> - ☐ 인테리어에 쓸 총예산
>   합계를 계산해둔다.
> - ☐ 장기전이 예상된다면 어디서부터 손을 댈까?
>   우선순위를 매긴다.
> - ☐ 사용 기간을 고려해 구입한다.
>   가격과 사용 기간, 만족도를 비교한다.

예산이 적다는 이유로 모든 것을 적당히 골라서는 안 된다. 온통 어중간한 것에 둘러싸여 살다 보면 결국 불만이 쌓이게 마련이다. 우선순위를 매겨 중요한 부분부터 마음에 쏙 드는 것으로 차례차례 갖춰 나가자. 모든 요소에 균일한 비용을 들일 필요는 없다. 신경 쓸 부분과 비용을 아낄 부분을 정하자.

인테리어

Lesson 2
Coordinate

이상적인 집을 만들기 위해 해야 할 일

성공적인 인테리어를 위한 7단계

성공적인 인테리어를 위해서 테마 선택 → 골격 만들기 → 마무리의 순서로 진행하면 됩니다.

 ## Step 1 좋아하는 스타일을 찾는다

우선 인테리어에는 어떤 스타일이 있는지, 우리 가족은 어떤 집에 살고 싶은지부터 파악하자. 이때는 머릿속으로 이미지를 그리거나 말로 표현할 뿐만 아니라, 잡지 사진을 스크랩하는 등 구체적인 이미지를 확인하는 것이 중요하다. 되도록 많은 사례를 직접 보고 마음에 드는 인테리어 사진을 가능한 한 많이 확보해야 자신의 취향을 정확하게 파악할 수 있다. 그래야 가족과 설계자에게 원하는 사항을 정확히 전달하고, 이로써 이상적인 집을 효과적으로 완성할 수 있다.

 ## Step 2 인테리어의 색상을 결정한다

인테리어 색상은 바닥과 창틀에 사용하는 목재, 새시나 수도관에 사용하는 금속처럼 쉽게 교체할 수 없는 곳부터 결정한다. 그런 다음에 벽이나 가구 등 집의 대부분을 차지하는 색과 집의 인상을 결정짓는 색을 정하고, 포인트 색상을 추가한다. 이러한 기본적인 이론만 이해하면 화려한 상급 인테리어에도 도전할 수 있다.

 ## Step 3 전체적인 배치를 고려해 가구를 고른다

집을 신축하다 보면 가구는 맨 나중에 선택하기 쉽지만, 최근에는 설계 단계부터 가구와 가구 배치를 정해 놓는 경우도 많아졌다. 가구는 인테리어 디자인의 골격을 결정할 뿐만 아니라 집 안의 구조와 동선, 생활의 편리함까지 좌우하는 중요한 요소이기 때문이다. 이와 더불어 가구의 소재나 손질법도 중요하다.

Step 4 창 주변 장식을 고려한다

커튼과 블라인드 등 창 주변의 장식은 집의 배경을 구성하는 중요한 디자인 요소인 동시에 빛과 시선을 통제하는 장치이기도 하다. 다양한 종류가 있으니 창밖의 환경까지 고려해 신중하게 선택하자.

Step 5 조명 계획을 세운다

집은 쉬는 곳인 동시에 일하는 곳이 될 수도 있다. 즉 다양한 용도의 공간이 있는 곳이다. 거실에서 가족들은 이야기를 나누고 책을 읽고 컴퓨터를 사용하는 등 다양한 방식으로 시간을 보낸다. 그러므로 거실에 한 종류의 조명만 설치했을 경우, 생활이 불편해질 수 있다. 빛의 색감이나 조명 기구의 형태적 특징을 이해해 적재적소에 알맞은 조명을 설치하자.

Step 6 수납 계획을 세운다

수납의 기본은 보관할 물건과 자주 쓰는 물건을 구분해 자주 쓰는 것은 손이 쉽게 닿는 곳에 보관하는 것이다. 물건을 꺼내 쓰기 어렵거나 공간이 지저분해져서는 안 된다. 참고로 오픈 선반과 같은 곳은 수납이 아닌 전시 공간으로 보는 것이 좋다.

Step 7 우리 집만의 개성적인 디스플레이를 즐긴다

멋진 호텔이나 전시장과는 바꿀 수 없는 주택의 장점이 있다. 바로 나만의 개성을 드러내는 전시 공간을 만들 수 있다는 점이다. 여행지에서 산 물건이나 가족사진, 좋아하는 장식품, 아이가 그린 그림 등 우리 집만의 특징을 나타내는 아이템을 단순히 나열하는 데 그치지 말고 멋진 인테리어 장식으로 활용해보자.

집 꾸미기의 성패를 좌우하는 첫걸음

원하는 인테리어 스타일 실현

Lesson 3
Coordinate

머릿속 이미지가 정리되었다면 이상적인 집의 실내 장식법과 아이템 배치법을 구체적으로 알아봅니다.

좋아하는 소재와 디자인을 구체적으로 생각한다

집을 꾸미려 한다면 가장 먼저 '선호하는 스타일'을 파악하는 일부터 시작하자. 다양한 인테리어 스타일은 제각각 고유의 분위기, 즉 이미지를 지니고 있다. 그리고 이미지는 인테리어의 4요소, 즉 소재, 질감, 형태(면과 선), 색상으로 이루어진다.

선호하는 인테리어 스타일을 정할 때 '나는 내추럴 스타일을 좋아한다'는 식으로 모호하게 정해서는 안 된다. 내추럴 스타일에도 부드러운 느낌부터 딱딱한 느낌까지 분위기가 다양하기 때문이다. 또 사람마다 보는 눈이 달라서 같은 스타일이더라도 전혀 다른 이미지를 생각할 수 있다. 따라서 머릿속에 그린 집을 현실로 옮기려면, '가구는 선이 굵은 수제 느낌으로, 밝은 색상에 나뭇결이 돋보이는 소재로…' 와 같이 희망 사항을 소재와 질감, 면과 선, 색상 등의 요소로 나누어 구체적으로 정리하는 것이 좋다.

심플 내추럴 스타일. 심플한 북유럽 디자이너 조명과 예술품 같은 소품들을 조합했다.

'차이를 아는 사람'이 감각 있는 사람

인테리어 감각이 뛰어난 사람은 가구 매장을 둘러보거나 카탈로그만 보고도 짧은 시간에 최고의 선택을 할 수 있다. 자기 스타일이 분명할 뿐만 아니라 사물의 특징과 장단점을 정확히 이해하는 능력이 있기 때문이다. 또한 인테리어 아이템 중에는 비슷해 보이지만 분위기가 전혀 다른 것도 많다. 그 차이를 간파하는 안목은 코디네이션에서 매우 중요한데, 그러한 안목을 높이는 가장 좋은 방법은 다양한 제품과 인테리어 사진을 되도록 많이 접하는 것이니 노력이 필요하다.

어떻게 살고 싶은지를 계획하자

인테리어 스타일은 생활 방식과도 직결된다. 가령 자연 소재의 자연스러운 변화를 즐기는 내추럴 스타일의 경우, 손때를 묻혀가며 낡아가는 과정을 음미할 수 있는 마음가짐이 필요하다. 동경하는 디자인에 대해서만 생각하지 말고, 어떻게 생활하고 싶은지 역시 고려해 인테리어 스타일을 결정하기 바란다.

인테리어 이미지를 좌우하는 4요소

소재, 질감, 형태, 색상의 4요소로 나누어 살펴보면, 원하는 인테리어 스타일을 실현하기 위해서는 어떤 아이템이 필요한지 쉽게 알 수 있다.

소재
자연 소재인지 인공 소재인지, 부드러운 소재인지 딱딱한 소재인지에 따라 전체적인 인상이 달라진다

인테리어 아이템의 소재로는 나무나 규조토, 면직물 등의 자연 소재와 플라스틱, 스테인리스 등의 인공 소재가 있다. 또 나무와 직물 등 부드러운 소재, 돌과 철 등 딱딱한 소재도 있다. 각 스타일의 이미지에 맞는 소재를 선택해야 원하는 스타일을 구현할 수 있다.

질 감
같은 소재라도 마감재의 질감에 따라 느낌이 크게 달라진다

나무는 실내 장식과 가구에 두루 쓰인다. 그러나 같은 나무라도 울퉁불퉁한 자연 그대로의 질감을 살렸는지, 아니면 깎아서 매끈하게 만들었는지, 또 도장을 생략했는지, 아니면 우레탄(수지) 도장으로 반들반들하게 마감했는지에 따라 느낌이 매우 달라진다. 인테리어 이미지를 좌우하는 중요한 요소임에도 간과하기 쉬운 항목이니 각별한 주의가 필요하다.

형 태
가구와 조명, 무늬 등 면과 선의 특징을 분석해 이미지를 선택한다

가구와 조명 등의 윤곽과 세부, 장식의 형태를 말한다. 면 위주인지 선 위주인지, 선은 굵은지 가는지, 직선인지 곡선인지, 곡선이라면 유기적인 곡선인지 인공적인 곡선인지 등 그 모양과 선의 특징에 따라 전체 이미지가 달라지므로 원하는 스타일에 어울리는 모양과 선을 선택하는 것이 중요하다. 직물 아이템이라면 무늬까지 고려해야 한다.

색 상
색상뿐 아니라 명도와 채도에 따라서도 색의 개성과 이미지가 달라진다

색을 고를 때는 빨강·파랑·노랑 등의 색상을 선택할 뿐만 아니라, 같은 빨강이라도 밝은 빨강과 어두운 빨강, 선명한 빨강과 옅은 빨강이 있음을 기억해야 한다. 자연스러운 색과 인공적인 색, 활기찬 색과 차분한 색 등 색마다 각기 개성이 있어서 어떻게 색을 조합하고 배분하느냐에 따라 인테리어의 분위기가 확연히 달라지기 때문이다.

4요소의 예시

	소재	질감	형태	색상
내추럴	나무, 테라코타, 마직물, 자연 소재, 수제	투박함, 까슬까슬, 울퉁불퉁	자연스러운 곡선	나무의 갈색, 크림색, 자연의 색
컨트리	고목, 벽돌, 면직물, 자연 소재, 수제	투박함, 울퉁불퉁, 까슬까슬	자연스러운 곡선, 무거움	세월이 흘러 어두워진 나무색, 벗겨지고 빛바랜 색
심플	강철, 유리, 플라스틱, 인공 소재	반들반들, 산뜻함	직선적, 높은 중심	흰색, 크림색, 금속 색, 중립적인 색*
모던	강철, 유리, 가죽, 돌, 콘크리트	반들반들, 반짝반짝	직선적, 높은 중심, 긴장감 있는 모양	흰색, 검은색, 금속 색, 선명한 색
클래식	나무, 가죽, 모직물, 견직물	반들반들, 산뜻함	곡선, 낮은 중심	갈색, 검은색, 남색, 차분한 색
재패니즈 아시안	나무, 흙, 골풀, 등나무	투박함, 까칠함	직선, 자연스러운 곡선	나무의 갈색, 자연의 색

Basic Style 01
내추럴
Natural

> " 나무, 흙, 가죽 등 자연 소재를 사용하고 색보다 질감을 중요시한다 "

바닥과 가구의 소재를 원목으로 통일해 나무 자체의 질감과 색을 강조한 식당.

내추럴 스타일의 특징은 나무와 흙 등의 자연 소재를 많이 사용한다는 것이다. 또 색보다는 소재의 내추럴한 질감을 중시한다. 튀는 디자인은 피하고 여유로운 분위기를 연출하기 때문에 연령대를 불문하고 인기 있는 스타일이기도 하다.

가구나 바닥 등의 소재로는 원목 또는 천연목 합판을 사용하고, 도장은 되도록 광택이 없는 소재로 한다. 직물로는 면, 마 등 천연섬유나 내추럴한 분위기의 화학섬유가 적합하다. 색상도 크림색이나 갈색, 녹색 등 소재 본연의 색을 살린 자연의 색이 주를 이룬다.

주의할 점은, '내추럴'이라고 하지만 심플한 스타일과 따뜻해 보이는 소박한 스타일 등 사람에 따라 머릿속에 그리는 이미지가 다르다는 것이다.

사실 본래의 내추럴 스타일은 통나무나 돌로 지은 산장 같은 이미지를 의미했다. 그러나 현재는 자연 소재의 질감을 살리면서 직선적이고 가느다란 선과 최소한의 장식으로 깔끔하게 마감하는 세련된 이미지에 가깝다.

4요소

소재

나무, 흙, 가죽, 돌, 테라코타 등의 자연 소재

목재 부분은 원목 또는 천연목 합판. 직물은 면, 마 등 천연섬유, 그 외에는 규조토나 테라코타 타일 등.

질감

소재 본연의 질감을 살리는 마감 방식

나무와 가죽을 우레탄이 아닌 천연 오일이나 왁스 등으로 광택 없이 마감. 투박하고 산뜻하면서도 약간 거친 질감이 특징.

형태

의도된 디자인이 아닌 자연스러운 곡선과 직선

자연스럽게 뻗은 나뭇가지처럼 자연스러운 곡선 또는 과도한 장식이 없는 직선.

색상

나무, 초벌구이 타일, 표백 전 원단 등 소재 본연의 색

나무 또는 테라코타 타일의 갈색, 표백 전의 마직물, 면직물의 크림색, 식물의 녹색, 흙의 베이지색 등 자연 소재 자체의 색 또는 그것을 연상시키는 색.

인테리어 아이템

천연 오일과 왁스로 마감한 원목 가구
두툼한 원목 상판을 올려서 만든 나무 색의 식탁.

나무와 철의 질감이 돋보이는 스툴
오리지널 제품을 복원하여 만든 앤티크풍의 중후한 철제 스툴.

튼튼한 단풍나무 프레임이 돋보이는 소파
목제 프레임의 심플한 소파.

벚나무의 아름다운 나뭇결을 살린 심플한 수납장
유리문과 다리가 달린 장식장 겸 수납장. 주방의 멋을 한층 살려준다.

인테리어

Basic +α 02
페미닌 내추럴
Feminine Natural

> 자연 소재의 따스함이 공간의 분위기를 부드럽게 만든다

모서리를 둥글린 고재 들보

형태

섬세하고 가느다란 선으로 구성된 모자이크 타일

아이보리를 주로 사용해 부드러운 분위기로 주방을 완성했다.

자연 소재를 주로 쓴 내추럴 스타일에 부드러운 인상을 가미해 여성스러운 분위기를 낸 스타일이다. 꽃무늬나 앤티크 가구와도 잘 어울려서 '내추럴 컨트리', '프렌치 내추럴'이라고도 불리며 인기를 끌고 있다.

내추럴 스타일에 나무를 연상시키는 갈색이 많이 쓰이는 데 비해, 이 스타일에는 크림색과 아이보리 등 밝은 색이 많이 쓰인다. 여기에, 자연스럽게 낡은 것처럼 모서리를 둥글린 목재와 앙증맞은 프릴 등 동글동글하고 여성적인 디자인이 더해진다. 형태는 크지 않아서 모자이크 타일처럼 자잘하고 가벼워 보이는 소재를 주로 쓴다. 직물이나 레이스 등으로 부드러운 분위기를 연출하고 거친 질감을 억제해 매끄러운 느낌으로 완성하는 것도 특징이다. 전체적으로 여성적이고 달콤한 이미지를 풍기는 스타일이다.

4요소 + α

소재
동글동글하고 부드러운 자연 소재

원목, 규조토, 테라코타 타일, 면과 마 등의 자연 소재. 낡아서 둥글둥글해진 고재나 부드러운 직물.

질감
소재 본연의 질감을 살리는 세심한 마감 방식

자연 소재의 질감이 남아 있으며 낡을수록 표면이 매끄럽고 부드러워진다. 산뜻, 보슬보슬.

형태
자연스러운 곡선과 직선, 섬세하고 가느다란 선

프릴, 레이스 등 동글동글하고 여성스러운 형태와 섬세하고 가느다란 선.

색상
아이보리와 크림색, 빛바랜 듯 엷고 밝은색

흰색, 아이보리, 크림색, 베이지색 등의 밝은색, 시간이 지나 빛이 바랜 듯한 연한 색.

Basic +α 03
매니시 내추럴
Mannish Natural

> "자연 소재에 남성적인 느낌을 더한 강렬한 스타일"

골조를 드러낸 콘크리트 벽

질감

콘크리트와 목재로 실내를 마감한 후 낡은 철재와 목재, 가죽 등으로 만든 가구를 배치해 분위기 있는 인테리어를 완성했다.

낡은 가죽을 씌운 벤치

자연 소재의 질감을 강조하는 내추럴 스타일에 콘크리트와 철, 강철, 양철, 낡은 가죽, 기름 먹인 목재 등 마무리가 덜 된 듯 보이면서 무거운 소재를 섞은 스타일이다. '팩토리 스타일'로도 불리며, 남성에게 특히 인기가 있다.

이 스타일은 내추럴 스타일에 비해 검은색, 진갈색, 회색과 같이 어둡고 진한 색을 많이 쓴다. 나무의 내추럴한 질감에 콘크리트와 철 등의 무기질 소재를 조합해서 쿨한 분위기를 연출하며, 예전에 공장에서 사용했던 가구와 업무용 기재 등 두툼하고 묵직한 디자인이 추가된다. 세월이 흘러 더 그윽한 느낌으로 변한 물건, 녹슨 철처럼 질감이 까칠하고 울퉁불퉁한 물건도 자주 쓰인다. 전체적으로 남성적이며 강렬한 인상을 풍기는 스타일이다.

4요소 +α

소 재	질 감
나무 등 자연 소재에 무기질 소재를 더해 쿨한 느낌	**소재의 질감을 살려 거친 느낌으로**
원목 등의 자연 소재에 멋지게 낡은 고재와 가죽, 딱딱하고 무거운 콘크리트와 철, 강철, 양철 등 무기질 소재를 섞는다.	소재 자체의 질감을 살리기 위해 일부러 거칠게 마감했다. 까슬까슬, 울퉁불퉁한 느낌. 

형 태	색 상
굵고 직선적이며 기능적이고 치밀한 느낌	**낡아서 진해진 듯 어두운 색 추가**
업무용 장비처럼 기능적이고 거칠고 직선적이다. 장식이 없고 주로 선보다는 면으로 구성된다. 중심이 약간 낮아 중량감이 느껴진다.	소재인 나무와 콘크리트, 철 등의 색. 손때가 묻어 더욱 그윽해진 듯한 진한 색.

인테리어

Basic Style 04
컨트리
Country

"낡고 소박한 시골집처럼 따스한 스타일"

흰색의 둥근 통나무 들보가 겉으로 드러난 천장, 규조토를 바른 벽, 옹이 박힌 소나무 원목마루가 따스한 느낌을 풍긴다.
옛날 장식을 그대로 쓴 가구와 부드러운 꽃무늬, 체크무늬 커튼이 전형적인 컨트리 스타일을 보여준다.

컨트리 스타일은 영국 귀족의 공관인 '컨트리 하우스'를 본뜬 '브리티시 컨트리'와 프랑스 프로방스 지방에서 생겨난 '프렌치 컨트리', 그리고 '얼리 아메리칸'*, '셰이커'*, '산타페'* 등 변화의 폭이 넓은 '아메리칸 컨트리'까지 그 종류가 매우 다양하다. 자연에 둘러싸인 소박한 시골집 같은 분위기를 내는 것이 모든 컨트리 스타일의 공통되는 점이다.
가구는 서구의 전통적인 스타일에 수제품의 느낌을 더한 디자인이다. 소재로는 주로 소나무 원목이나 떡갈나무를 쓰며 나무의 질감을 해치지 않는 자연 도료나 페인트로 도장한다. 벽, 천장, 바닥 등 기본 인테리어에는 몇십 년쯤 되어 보이는 고재 소나무나 빛이 바랜 듯한 소재가, 커튼레일과 문손잡이 등의 금속 부분에는 철이나 낡은 느낌의 놋쇠가 많이 쓰인다. 직물로는 면, 마, 모가 주로 쓰이며 무늬는 연한 색의 꽃무늬나 체크무늬가 많다. 전체적으로 따스한 느낌이어서 여유로운 생활을 즐기기에 알맞은 스타일이다.

4요소

소 재
나뭇결과 마디가 살아 있는 목재, 벽돌, 모직물 등 소박한 자연 소재

소나무 등 나뭇결과 마디가 돋보이는 목재를 쓴다. 마감재나 바닥은 테라코타, 흙, 돌, 벽돌, 놋쇠, 연철. 직물은 면, 마, 모를 사용한다.

질 감
소재의 질감을 살린 수제품 느낌과 자연스러운 흠집 연출

소재 본연의 질감을 살려 거의 도장하지 않은 것처럼 보이도록 마감한다. 손맛이 우러나는 거친 느낌. 오랫동안 쓰면서 굳힌 느낌. 거칠고 울퉁불퉁한 질감.

형 태
예전 그대로의 가구 장식과 굵은 선을 살린 수제품 느낌

굵은 선에서 손맛이 느껴진다. 균일하지 않은 마감 방식을 택한다. 예전 그대로의 전통적인 장식. 둥그스름하고 푸근한 형태.

색 상
자연 소재의 색과 벗겨진 듯한 밝은 색

나무와 벽돌의 갈색, 흙의 베이지색, 돌의 먹색 등 자연 소재의 색 또는 자연을 연상시키는 색.

인테리어 아이템

루이 15세 시대에 유행한 스타일에 프로방스 스타일 가미한 상품
프랑스 브랜드인 『컨트리 코너 _Country Corner』의 가구. 고풍스럽고 우아한 찬장.

영국의 고급 별장을 연상시키는 소나무 서랍장
녹로*로 돌려 깎은 다리가 특색인 소나무 원목 서랍장.

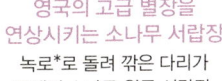

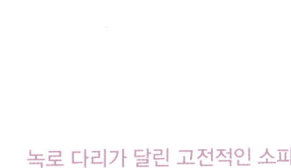

빅토리안 양식의 날씬한 다리가 달린 소나무 식탁과 의자
소나무 원목 가구로 컨트리 스타일을 잘 살려 주는 아이템이다.

녹로 다리가 달린 고전적인 소파
팔걸이가 낮아 편안해 보이는 소파.

Basic +α 05
브리티시 컨트리
British Country

> 컨트리 하우스를 모델로 탄탄하게 완성한 별장 인테리어

- 울퉁불퉁하고 굵직한 들보
- 질감
- 흙손 자국이 눈에 띄는 미장벽
- 필치가 자연스러운 식물 세밀화
- 굵직한 들보와 떡갈나무 앤티크 가구로 영국의 오두막집처럼 연출한 공간

귀족의 별장인 '컨트리 하우스'에서 유래한 브리티시 컨트리 스타일에서는 몇백 년 동안 이어져온 세월의 역사가 느껴진다. 굵고 튼튼한 들보와 돌을 깐 바닥, 난로 주변의 낡은 맨틀피스, 떡갈나무로 만든 앤티크 가구 등이 특징이다. 고딕에서부터 빅토리안까지 각 시대의 건축 양식에서 영향을 받은 덕에 남성적인 힘도 느껴진다.

한편, 조금 더 여유로운 시골 별장 분위기의 컨트리 스타일도 인기다. 이 스타일은 고재 소나무로 만든 가구, 빛바랜 듯한 색의 꽃무늬나 체크무늬직물, 돌로 유명한 영국의 코츠월드 인근의 석재로 마감한 실내, 흙손 자국이 드러난 미장벽 등이 특색이다. 낡은 법랑 주방 도구와 정원 용품 등 생활 도구가 장식품 역할까지 겸하는 밝고 캐주얼한 이미지의 인테리어다.

4요소 + α

소재
굵직한 목재, 석재, 법랑과 모직물, 면직물

인근에서 나오는 원목과 석재 등 자연 소재. 낡을수록 깊은 멋이 우러나는 고재와 가죽, 소나무, 두꺼운 모와 면, 마 등 천연섬유, 법랑 등.

질감
손때 묻고 낡은 듯한 질감, 투박한 수제품 느낌

손맛이 우러나는 투박한 마감. 두툼하고 울퉁불퉁한 질감. 자연스럽게 마감된 페인트나 래커가 벗겨져 까슬까슬해진 느낌.

형태
굵직한 선과 고전적인 장식을 활용한 디자인

굵직한 선, 건축 양식의 영향을 받은 전통적인 디자인. 별장풍의 소박한 디자인. 수작업에 의한 손자국과 균일하지 않은 형태.

색상
시간이 흘러 진해진 색, 낡으면서 빛바랜 색

나무와 흙 등 소재의 색, 그리고 그것이 세월이 지나면서 진해진 색. 빛바랜 듯 연한 색.

Basic +α 06

프렌치 컨트리
French Country

> 프로방스 지방의 여유로움에 우아함을 가미한 스타일

고재 들보

형태

이음매 없이 마감한 미장벽

미장벽과 겉으로 드러난 들보가 인테리어의 핵심. 검은색 부재를 포인트로 써서 세련된 프렌치 스타일을 완성했다.

대표적인 프렌치 스타일은 노르망디 지방의 목조 주택 인테리어에서 볼 수 있다. 하지만 실제로 가장 인기 있는 인테리어는 프로방스 지방의 컨트리 스타일이다.

이 스타일의 특징은 나무 덧문이 달린 창, 원목 또는 천연석 바닥, 벽과의 경계선이 없어 한층 여유롭게 느껴지는 회벽, 아치형의 개구부*, 철제 커튼레일 등이다. 벽에는 회반죽에 안료를 섞어 바르고, 직물에 꽃과 올리브 등 자연을 표현한 무늬를 많이 사용해 남프랑스답게 알록달록한 공간을 연출하며, 샌드베이지*를 기본으로 해 흰색 계열의 그러데이션을 즐기는 세련되고 고전적인 스타일도 인기다.

인테리어 아이템으로는 소박한 원목 가구와 페인트칠한 가구 외에 로코코 스타일로 장식된 앤티크 가구나 조명이 많이 쓰인다.

4요소 +α

소 재

고재, 돌, 흙, 회반죽, 철, 마직물 등

고재와 인근에서 나오는 흙, 돌, 회반죽. 부재는 연철 등. 직물은 면과 마.

질 감

세월에 도장이 벗겨져 일어난 듯 까슬까슬한 질감과 군데군데 굵힌 마감

손으로 작업한 듯 균일하지 않은 마감. 자연스러운 마감. 낡아서 군데군데 벗겨진 느낌. 까슬까슬한 감촉.

형 태

부드러운 곡선과 우아한 장식

아치를 그리는 부드러운 곡선과 소박한 디자인. 건축 양식의 영향을 받은 우아한 형태.

색 상

주변 지역의 자연에서 흔히 보는 소박한 색

나무 등 건재의 색. 회반죽과 마직물 등의 아이보리, 베이지색, 회색. 철의 검은색.

Basic Style 07
심플
Simple

> "스타일 혼합이 쉽고 도회적이며 깔끔한 스타일"

넓은 거실과 식당은 밝은색의 바닥 외에는 거의 흰색으로 이루어져 있다.

심플 스타일은 화려한 장식이나 복잡한 선이 없어 깔끔한 것이 특징이다. 또한 튀는 디자인의 가구나 소품을 사용하지 않아 조화롭고 청결해 보이며 기능적이다. 쿨하고 도회적인 인상이라 신축 아파트에도 흔히 쓰이는 인기 스타일이다.

가구와 바닥에 사용하는 목재는 원목, 천연목 합판 또는 합판인데 무엇이든 매끄럽게 마감하는 것이 공통점이다. 강철과 플라스틱, 타일, 페인트 등의 소재도 매끈하고 산뜻하게 마감할 수 있어서 주로 사용한다. 직물로는 천연섬유 외에 기능적인 화학섬유도 쓰인다.

디자인은 깔끔한 직선이 기본이며, 단순화된 곡선도 쓰인다. 색상은 흰색과 크림색, 베이지색 등 '중성적인 색'이 주를 이룬다. 그 외에 연두색, 파란색과 은색 같은 금속 색도 쓰인다. 흰 도화지 같은 인테리어로, 다양한 스타일의 아이템을 섞어 나만의 스타일을 연출할 때 기본으로 활용하기 좋다.

4요소

소 재
나뭇결이 거의 없는 목재, 강철, 플라스틱, 타일 등

나뭇결이 거의 눈에 띄지 않는 목재 또는 합판, 강철, 스테인리스, 플라스틱, 타일, 페인트, 유리, 화학섬유 등.

질 감
질감을 최대한 억제해 매끄럽고 평평하게 마감

목재는 래커나 우레탄으로 마감해 소재 자체의 질감을 최대한 억제한다. 무늬 없는 균일하고 평평한 마감. 산뜻하고 매끈한 느낌.

형 태
가는 직선과 단순한 곡선

깔끔하고 균일한 직선, 경쾌하고 가는 다란 직선, 단순하게 디자인된 인공적인 곡선, 평평한 면, 장식 없는 단순한 디자인.

색 상
흰색, 크림색, 베이지색 등 중성적인 색 또는 차가운 색

흰색, 크림색, 베이지색, 은색 등 중립적인 색. 밝고 가벼운 느낌의 색. 녹색과 파란색 등의 차가운 색도 약간.

인테리어 아이템

디자인과 실용성을 겸비한 날렵한 디자인의 테이블
알루미늄을 깎아 만든 바퀴와 서랍이 포인트.

북유럽 디자인의 거장 아르네 야콥센*의 명작
『프리츠 한센』에서 만든 단순한 디자인의 의자.

공중에 떠 있는 듯 경쾌하게 디자인된 알루미늄 다리가 멋진 소파
가죽 커버 외에 직물 커버 타입도 있다.

1939년에 설립된 영국 『비슬리_Bisley』의 수납장
A3 용지까지 수납할 수 있고 견고한 기본형 수납장.

Basic +α 08
심플 내추럴
Simple Natural

> 나무와 흙 등 소재의 질감이 두드러져 한층 경쾌한 스타일

- 가볍고 가는 직선
- 인공적으로 디자인된 곡선
- 소재
- 나뭇결이 두드러진 원목의 질감
- 심플한 디자인의 식당과 주방. 자작나무 원목마루로 내추럴한 느낌을 냈다.

심플 내추럴 스타일은 심플 스타일의 특징을 그대로 유지하면서 나무의 푸근한 온기까지 전달해 연령대를 불문하고 인기를 끄는 스타일이다.

이 스타일은 전체적으로 심플하며, 나무와 흙 등 자연 소재의 질감이 느껴진다는 것이 특징이다. 나뭇결이 뚜렷한 원목, 울퉁불퉁한 곳 없이 깔끔하게 마감된 규조토와 회반죽의 질감이 내추럴 스타일에 버금갈 만큼 따스한 느낌을 준다.

각 아이템의 형태와 색은 심플하다. 형태는 직선을 기본으로 하되 단순화된 인공적인 곡선도 함께 쓰인다. 내추럴 스타일에서처럼 나뭇가지와 같은 자연스러운 곡선은 없다. 색은 내추럴한 나무 색이지만 전체적으로 밝고 경쾌한 분위기다. 그윽하다기보다는 청결하고 깔끔하며 시원해 보이는 색상이 많다.

4요소 + α

소 재
천연목, 합판, 타일, 스테인리스, 합성수지 등

나뭇결이 뚜렷한 목재와 규조토, 면, 마 등 자연 소재. 합판, 페인트, 타일, 스테인리스, 화학섬유 등.

질 감
소재의 질감이 살아 있으면서 매끄러운 느낌

나무와 규조토의 느낌을 살리면서 균일하고 매끄럽게 마감한다. 산뜻하고 반질반질한 느낌.

형 태
가는 직선과 단순하게 처리된 곡선

단정하고 균일한 직선, 경쾌하고 가느다란 직선, 단순하게 디자인된 곡선, 평평한 면, 장식 없는 단순한 디자인.

색 상
나무와 흙의 밝은색과 흰색, 크림색, 베이지색 등

나무와 규조토 등의 밝은색. 흰색, 크림색, 베이지색 등의 중립적인 색.

Basic +α 09
북유럽 스타일
Scandinavian Style

> 간소한 선들로 완성되는 내추럴한 인테리어

간소한 선으로 디자인돼 주변과 조화과 잘 되는 북유럽 가구

북유럽 가구의 깊은 색감.

형태

심플한 공간에는 북유럽 가구와 모던한 가구 모두 잘 어울린다.

'북유럽 모던'이라고도 부르는 이 스타일은 심플 내추럴과 마찬가지로 자연 소재를 많이 사용한다. 이 스타일에는 Y 체어나 세븐 체어 등 명작 가구와 루이스 폴센*의 조명, 마리메코*의 직물 등 잘 알려진 디자이너와 브랜드의 상품을 많이 사용한다.

이 스타일의 특징은 밝은색의 합판 가구에서 분위기 있는 북유럽 빈티지까지 다양한 내추럴 아이템을 활용해 전체적으로 심플하고 모던하게 연출한다는 것이다. 모든 가구는 직선과 인공적인 곡선으로 이루어진다. 북유럽의 자연처럼 유기적이면서도 간소한 선으로 디자인된 아이템은 따스하고도 세련된 느낌을 주므로 도회적인 심플 스타일과도 잘 어울린다.

색상은 베이지색부터 진갈색까지의 다양한 나무 색과 수풀, 호수를 연상시키는 북유럽의 자연색이 주를 이룬다.

4요소 + α

소재
천연목, 합판, 타일, 스테인리스, 합성수지 등
천연목, 합판, 나뭇결이 거의 없는 목재. 모직물, 마직물 등 천연섬유와 강철, 유리 등의 소재.

질감
소재의 질감을 살리면서 매끄럽게 마감
천연목의 느낌을 살리면서 균일하고 매끄럽게 마감한다. 래커 등 나뭇결을 덮는 마감 방식이 주로 쓰인다. 산뜻하고 반들반들한 느낌.

형태
말끔한 직선과 인공적이면서 단순한 곡선
말끔한 직선, 단순하게 디자인된 곡선, 평평한 면.

색상
농담의 차를 준 나무 색과 북유럽 자연의 색
베이지색, 진갈색 등 나무 색과 수풀, 호수를 떠올리게 하는 북유럽의 자연색.

Basic Style 10
모던
Modern

> 광택 있는 소재, 무채색과 직선이 만들어내는 시원한 느낌의 인테리어

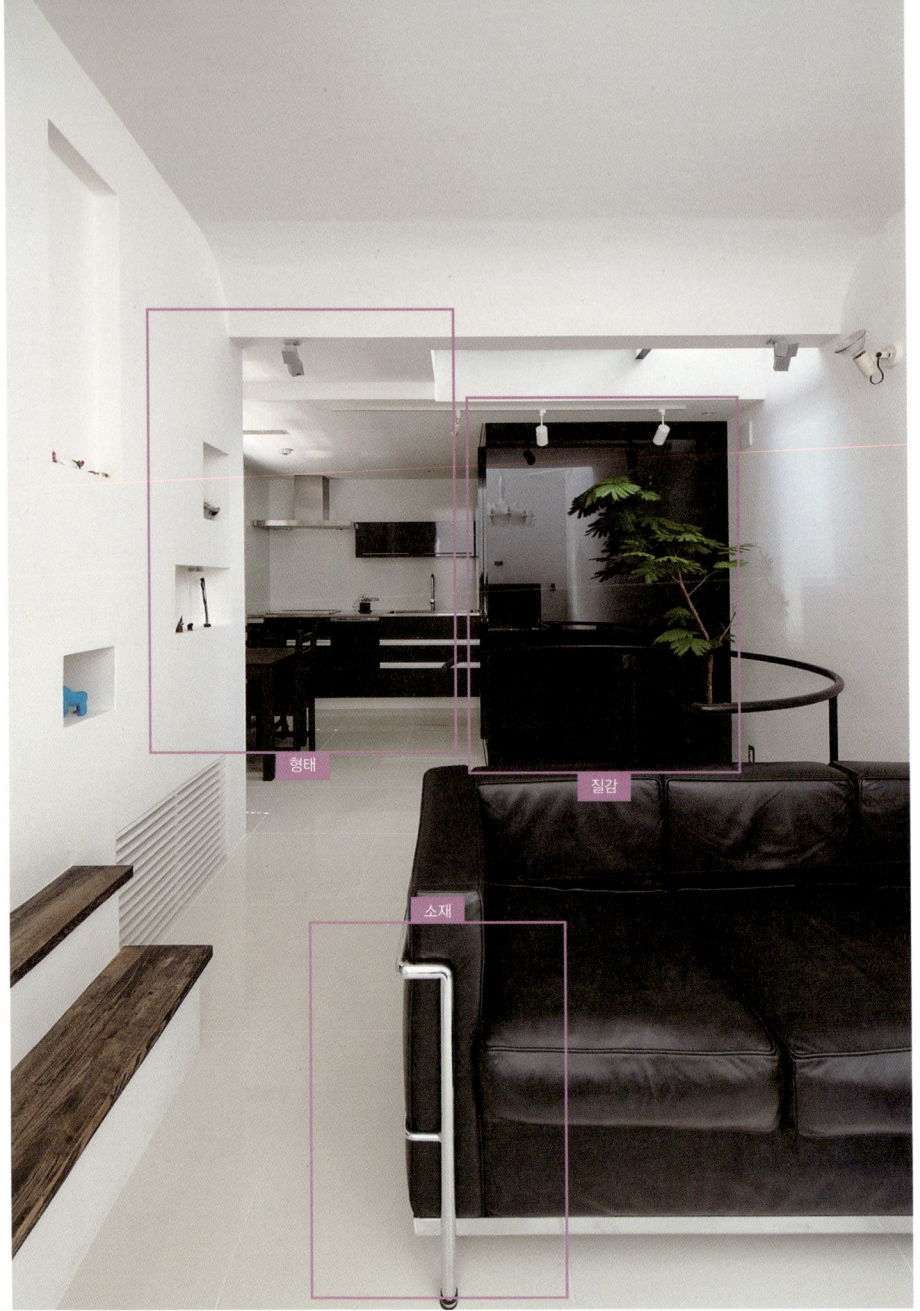

타일 바닥과 검은색 유리벽 등의 반질반질한 면과 날렵한 선이 도회적인 느낌을 풍긴다.

모던에도 다양한 스타일이 있는데 가장 대표적인 것이 '이탈리안 모던'이다. 유명 건축가가 디자인한 이탈리아 가구는 디자인이 뛰어나 지위를 드러내는 도구로 유명 인사들에게 인기가 많다. 소파나 의자 중에는 천연피혁 등 고급 소재를 사용한 것이 많고, 수납장이나 테이블 중에는 유리, 크롬, 강철을 사용한 심플하고 존재감 있는 디자인이 많다.

이 스타일은 아메리칸 모던 피프티즈(50's) 또는 미드센추리로 불리며 1950년대 즈음 유행한 스타일이 다시 관심을 끌면서 나타났다. 가구는 당시 신소재였던 플라스틱 또는 합판 소재가 주를 이루며, 캐주얼하고 디자인도 기능적이다.

모든 모던 스타일은 예리한 직선과 면, 인공적인 곡선 등으로 구성된다. 다리를 가늘게 해 무게중심을 높인 긴장감 있는 형태도 특징적이다. 소재는 강철, 타일, 콘크리트, 유리 등 딱딱하고 차가운 것이 많고 질감은 반들반들하며, 색은 무채색과 선명한 색상으로 이루어져 전체적으로 분명한 인상을 준다.

4요소

소재
콘크리트, 유리 등 딱딱하며 무기적이고 인공적인 소재

나뭇결이 단순한 목재를 고르거나 원래의 나뭇결을 도장으로 덮어서 감춘다. 딱딱하고 차가운 소재. 가죽. 치밀한 섬유와 금속 느낌의 직물.

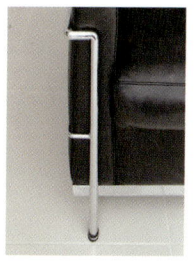

질 감
균일하고 반질거리며 차갑고 딱딱한 느낌

광택이 있고 무늬가 없는 균일한 마감. 묵직한 느낌이거나 경쾌한 느낌. 딱딱한 느낌. 반질반질, 반짝거리는 느낌.

형 태
날렵한 직선과 면, 인공적인 곡선으로 구성

날렵한 직선과 평평한 면. 인공적인 곡선. 무지* 또는 줄무늬. 중심이 높아 긴 장감 있는 형태.

색 상
무채색과 금속 색, 선명한 색상

흰색, 회색, 검은색 등 무채색. 금속성 색상. 선명한 색상.

인테리어 아이템

상판 높이를 조절할 수 있는 사이드테이블
아일린 그레이*가 디자인한 유기적이고 아름다운 테이블.

명작 「그랑 콩포르」를 발전시킨 상품
르 코르뷔지에*, 피에르 잔느레*, 샤를로트 페리앙*이 디자인한 소파.

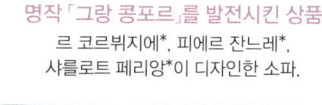

르 코르뷔지에의 예리한 디자인
투명 유리와 강철 파이프에서 정적인 아름다움이 느껴진다.

익스씨 오리지널 소파
『익스씨 에디션』이 생산한 경쾌하고 유기적인 디자인의 소파.

Basic +α 11
심플 모던
Simple Modern

> 밝고 경쾌하면서도
> 고요한 분위기의
> 쿨 스타일

흰색과 회색이 기본색

형태

유리벽

거실, 주방, 식당은 밝고 여유로운 느낌. 아트리움 공간에 설치된 경쾌한 계단이 인테리어 포인트다.

예리한 디자인의 모던 스타일에 경쾌한 분위기를 더했다. 깔끔하면서도 차가운 인상으로, 빛의 반사를 이용해 공간을 밝고 넓게 보여 주기 때문에 면적이 좁은 도심 주택에 적격이다.

이 스타일의 특징은 무채색 중에서도 명도가 높은 흰색이나 회색, 금속색을 많이 쓴다는 것이다. 특히 흰색의 비중이 높으며, 흰색 중에서도 따뜻한 색감보다는 시원한 색감이 주로 쓰인다.

면이나 입체보다 가는 직선으로 구성된 디자인이 많은 것도 특징이다. 또한 폴리카보네이트 등의 합성수지나 유리, 타일 등 투명하고 광택이 있는 소재도 많이 쓴다. 색을 거의 쓰지 않으며, 단순한 선을 주로 사용한 간소한 디자인과 딱딱한 질감이 공간에 적당한 긴장감을 불어넣어 전체적으로 고요한 분위기를 풍긴다.

4요소 + α

소재
유리, 합성수지 등 딱딱하고 가벼운 느낌의 인공적인 소재

유리, 합성수지 등 투명한 경질 소재. 강철, 콘크리트 등 무기질 소재. 도자기 타일, 플라스틱 타일. 나뭇결이 단순한 목재를 쓰거나 도장으로 나뭇결을 감춘다.

질감
균일하고 광택 있게 마감해 시원하면서 경쾌한 느낌

광택 있는 마감. 무늬가 없는 균일한 마감. 경쾌한 느낌. 쿨하고 반질반질, 번쩍거리는 느낌.

형태
예리한 직선과 인공적인 곡선으로 구성된 디자인

예리한 직선과 인공적인 곡선. 가느다란 선. 평평한 면. 중심이 높아 긴장감 있는 형태.

색상
명도 높은 무채색과 금속성 색

흰색, 회색 등 밝은 무채색. 은색 등 금속 색. 시원해 보이는 색.

Basic +α 12
내추럴 모던
Natural Modern

> 자연 소재의 산뜻함에 모던 디자인의 긴장감을 더한 스타일

벽 마감재는 나뭇결이 아름다운 호두나무

모던하고 선명한 색상

모던한 디자인의 가구

질감

질감이 고급스러운 호두나무 바닥과 모던 디자인의 가구로 꾸며진 공용 공간.

세련된 모던 스타일 중에서도 소재의 질감을 조금 더 강조한 스타일이다. 자연스러운 산뜻함과 적당한 긴장감을 겸비한 덕분에 미드센추리 시대의 복고풍 모던 스타일, 북유럽 모던 스타일과도 잘 어울린다.

특징은 직선 또는 인공적인 곡선으로 이루어진 모던 스타일을 유지하면서도 나뭇결이 드러나는 목재나 운치 있는 석재 등 질감 좋은 자연 소재를 사용한다는 것이다. 단, 목재를 쓸 때는 소나무처럼 부드러운 느낌의 침엽수보다 졸참나무나 티크 같이 단단한 목재가 좋다. 색상은 나무와 돌의 밤색 외에 무채색, 선명한 색 등 모던 스타일을 상징하는 색이 주를 이룬다. 면과 입체 단위로 색을 적용해 약간 중후하고 차분한 분위기를 자아낸다.

4요소 + α

소재
질감이 두드러진 나무와 돌, 딱딱하고 차가운 소재

나뭇결이 드러난 나무나 돌 등의 자연 소재. 합판. 도자기 타일. 강철, 콘크리트, 유리, 플라스틱 등의 무기질 소재.

질감
소재의 질감을 살리는 마감재, 딱딱하고 균일한 느낌

소재의 질감을 살리는 마감 방식. 무늬가 없는 균일한 마감. 반질반질, 반짝거리는 느낌. 차갑고 딱딱한 느낌.

형태
예리한 직선과 인공적인 곡선

예리한 직선과 인공적인 곡선. 평평한 면. 묵직해 보이는 입체. 중심이 높아 긴장감 있는 형태.

색상
소재 본연의 색과 밝은 무채색과 금속 색

나무나 돌 등 소재 본연의 색. 무채색. 은색 등 금속색. 선명한 색 등

인테리어

Basic Style 13
클래식
Classic

"유럽의 전통 양식에 기초한 격식 있는 스타일"

150년 전 프랑스에서 생산된 맨틀피스의 양쪽으로 고급스러운 앤티크를 대칭으로 배치해 격조 있게 연출한 응접실.

클래식 스타일에는 중세 이후 유럽의 전통적인 건축 양식과 장식 양식이 나타난다. 그리고 그 양식은 나라와 시대에 따라 매우 다양하다. 그중에서도 영국의 클래식 스타일이 가장 인기가 많은데, 18세기 초에 유행한 '퀸 앤 스타일'은 카브리올 레그*로 많은 이들에게 알려져 있다. 그 밖에도 가구에 마호가니 나무를 주로 쓴 조지안 스타일, 심플하고 세련된 리젠시 스타일, 이전의 여러 양식을 절충한 빅토리안 스타일 등이 있다.

우아한 인테리어의 대명사인 로코코 스타일은 루이 15세 시대에 프랑스에서 유행한 양식이다. 이후 로코코 스타일은 유럽의 귀족 사회로 확대되었는데, 조각과 상감 기술을 적용한 우아한 디자인이 특징으로 남게 되었다.
클래식 스타일은 이러한 양식들의 영향을 받아 만들어진 앤티크 가구와 복원 제품, 그리고 진품 소재의 아이템들을 좌우대칭으로 격식에 맞추어 코디네이트하는 인테리어다.

4요소

소 재
천연목, 대리석, 천연섬유 등 고급스러운 진품 소재

나뭇결이 아름다운 마호가니, 떡갈나무, 호두나무 등 단단한 목재. 각 양식 특유의 무늬와 직조 방식을 적용한 직물. 천연섬유. 놋쇠. 대리석.

질 감
균일하고 정밀한 마감으로 자연스러운 광택 연출

딱딱한 느낌의 마감재. 균일하고 정밀한 마감 방식. 도장과 연마 작업으로 자연스러운 광택 연출. 반질반질, 산뜻한 느낌.

형 태
우아한 곡선과 묵직한 직선, 좌우대칭

각 양식 특유의 장식을 적용한 우아한 선. 부드러운 곡선. 복잡하게 디자인된 곡선. 두꺼운 직선. 좌우대칭.

색 상
나무와 가죽의 깊이 있는 갈색 등 차분하고 고급스러운 색조

나무의 밤색과 가죽의 갈색. 진녹색, 남색, 암적색 등 깊이 있고 어두운 색. 고급스러운 연회색.

인테리어 아이템

조지안 스타일을 재현한 의자
『아서 브렛 & 선즈_Arthur Brett & Sons』에서 만든 마호가니 윙체어.

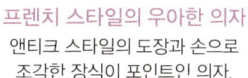

프렌치 스타일의 우아한 의자
앤티크 스타일의 도장과 손으로 조각한 장식이 포인트인 의자.

얼리 아메리칸 스타일의 떡갈나무 원목 가구
두꺼운 상판을 사용한 원목 식탁. 중후한 빛이 클래식 스타일에 잘 어울린다.

셰러턴 양식의 복원 제품
고(故) 다이애나 황태자비의 친정인 스펜서 백작가의 가구와 일용품의 복제품 중 하나인 「조지 3세 셰러턴 양식 장식장」.

Basic +α 14
트래디셔널
Traditional

"자연 소재의 산뜻함에 모던 디자인의 긴장감을 더한 스타일"

클래식한 인테리어 중 소박하고도 묵직하며 차분한 인상을 주는 트래디셔널 스타일은 영국의 낡은 도서관처럼 엄격하면서도 멋스러워 남성들에게 인기 있는 스타일이다.

이 스타일은 주로 묵직하고 단단한 소재를 사용하며 가구에는 떡갈나무, 호두나무 등의 목재와 가죽이, 바닥재에는 석재나 단단한 목재가 쓰인다. 형태는 당시의 양식을 본뜬 강한 직선과 도자기 세공 등이 주를 이루며, 색상으로는 진갈색이나 진녹색, 남색 등의 어두운 색이 많이 쓰인다.

또 아메리칸 트래디셔널은 미국의 식민지 개척이 활발하던 시절의 식민지 주거 양식으로, '퀸 앤 스타일'과 '조지안 스타일'의 영향을 받아 품격과 친근감이 동시에 느껴진다.

4요소 +α

소재	질감
나무와 가죽, 돌, 모직물 등 단단하고 두터운 소재 떡갈나무와 호두나무 등 단단한 목재. 천연피혁. 놋쇠. 대리석. 두꺼운 모직물과 벨벳 등.	**진품 소재를 돋보이게 하는 탄탄하고 치밀한 마감** 딱딱한 느낌. 균일하고 정밀한 마감. 도장과 연마로 자연스러운 윤기와 광택. 직조가 치밀한 직물. 반질반질한 느낌.

형태	색상
우아한 곡선과 묵직한 직선, 좌우대칭 각 양식 특유의 형태와 장식을 적용한 디자인. 묵직한 직선. 좌우대칭. 중심이 낮아 안정감 있는 형태.	**나무와 가죽의 밤색 등 차분하고 깊은 색** 나무의 밤색과 피혁의 갈색. 진녹색과 남색, 암적색 등 차분하고 어두운 색.

Basic +α 15
엘리건트
Elegant

> "품격 있고 부드러우며 여성스러운 스타일"

자연스러운 주름으로 직물의 풍성한 볼륨감을 표현한 밸런스 커튼*.

광택 있는 직물

소재

소용돌이무늬 등 곡선적인 디자인.

베이지색 계열의 패브릭으로 꾸민 거실.

클래식 스타일 중에서도 가장 고급스럽고 화려한 엘리건트 스타일은 귀부인처럼 품격 있고 여성스러운 인상을 준다.

이 스타일은 부드러운 직물을 풍부하게 쓰는 것이 특징이다. 견직물이나 레이스 등 얇고 매끄러운 직물과 벨벳 등 광택 있는 직물이 대부분이며, 자수도 많이 쓴다. 크리스털처럼 반짝이는 소재 또는 섬세한 나뭇결, 불그스름한 색상과 윤기가 나는 마호가니 목재도 잘 어울린다. 형태로는 소용돌이무늬와 가리비무늬, 느슨하고 섬세한 곡선이 주로 쓰이며, 식물과 꽃을 본뜬 무늬와 로코코 스타일의 갈런드* 장식도 자주 보인다. 색상으로는 차분한 느낌의 옅은 색과 고급스러운 연회색이 주로 쓰인다.

풍성한 장식과 볼륨감, 질 좋은 소재, 그리고 양식의 기본을 존중하는 코디네이션으로 고급스럽게 연출하는 스타일이다.

4요소 +α

소재
견직물 등 부드러운 직물과 크리스털 등 반짝이는 소재

실크, 레이스, 벨벳 등의 직물. 크리스털, 마호가니, 놋쇠 등 광택 있는 소재.

질감
매끄럽고 차분하며 반질거리는 질감

균일하고 정밀한 마감. 도장과 연마, 치밀한 직조로 얻은 자연스러운 윤기와 광택. 매끄러운 질감. 반질반질, 산뜻하고 반짝이는 느낌.

형태
우아하고 섬세한 곡선, 식물무늬와 꽃무늬

각 양식 고유의 형태와 장식을 적용한 디자인. 휘어진 다리와 소용돌이무늬, 가리비무늬 등의 우아한 곡선. 레이스 등의 섬세한 곡선. 좌우대칭. 식물과 꽃을 본뜬 형태.

색상
경쾌함과 차분함을 겸비한 고급스러운 색상

흰색, 베이지색, 분홍색, 불그스름한 갈색, 금색, 차분한 연회색.

인테리어

Basic Style 16
재패니즈 아시안
Japanese & Asian

" 나무, 흙, 풀 등 자연 소재가 많아서 여유로워 보이는 스타일 "

좌식 가구로 이루어진 거실. 기둥과 들보에는 인근의 낡은 집에서 쓰던 고재를, 벽 마감에는 규조토를 사용했다. 민예풍의 실내 장식에 아시아풍 가구와 직물이 잘 어울린다.

재패니즈 스타일은 크게 모던 재패니즈 스타일과 민예 스타일로 나눌 수 있다. 모던 재패니즈의 가구 디자인은 대체로 직선적이며, 소재는 천연목을 이용한다. 직물은 주로 무지 또는 자연을 추상화한 무늬를 넣은 것을 쓰고 전통 종이와 창호지 등도 함께 쓴다. 민예 스타일은 일본의 전통적인 민예 가구로 구성된 고택 같은 분위기다. 목재가 거의 밤색이어서 비백* 무늬를 넣거나 남색으로 염색한 소박한 직물이 어울린다.

이 두 스타일의 공통된 특징은 동양의 전통적인 '좌식 생활'을 테마로 하기 때문에 시선이 낮다는 것이다.

아시안 스타일은 중국과 한국, 인도네시아 등 아시아 각지에 전해 내려오는 전통적인 가구와 직물을 도입한 스타일이다. 자연 소재가 많아 리조트 호텔 같은 여유로움이 느껴지며 손바느질한 듯한 타이 실크와 비백무늬 직물, 발, 중동에서 온 킬림과 잘 어울린다.

4요소

소 재

나무, 흙, 종이, 등나무, 마 등 자연 소재가 대부분

도장을 생략한 목재, 자연 소재로 도장한 목재, 고재, 흙, 등나무, 골풀과 수초, 대나무, 전통 종이, 천연섬유, 철.

질 감

소재의 질감을 살리는 마감 방식, 자연 소재를 활용한 도장

도장을 생략하거나 소재의 특성을 살려 자연스러운 질감으로 마무리한다. 수제품 느낌. 까칠하고 울퉁불퉁하고 균일하지 않은 마감. 옻칠, 감물* 등 자연 도료를 사용한 마감.

형 태

깔끔한 직선과 굵직한 선, 유기적인 곡선

직선. 굵직한 선. 나무의 형태를 본뜬 듯 자연스러운 곡선, 좌우 비대칭.

색 상

자연 소재 자체의 색, 천연 염료를 이용한 자연의 색

도장을 생략한 목재와 고재의 갈색, 골풀 등의 연두색, 흙빛의 베이지색 등 자연의 색. 쪽 등 천연 염료로 물들인 수수한 색.

인테리어 아이템

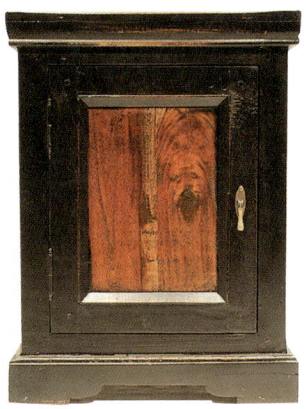

**일본풍과 아시안 스타일에
모두 잘 어울리는 직선적인 디자인**
옻칠을 연상시키는 검은색 도장과
내추럴한 나무 색의 조화가 아름답다.

한국의 대표 디자인을 복원한 가구
앤티크풍으로 마감한 조선 시대
스타일의 서랍장.

**세상에 하나뿐인 상판을
올려 만든 식탁**
천연목의 소박한 질감을 살린 가구로
상판의 자연스러운 느낌이 멋스럽다.

리조트 스타일에 잘 어울리는 내추럴 소파
껍질을 벗기지 않은 등나무의 질감과
탄탄한 사각 형태가 아시안 리조트 스타일에
잘 어울린다.

인테리어 스타일을 혼합해보세요

서로 다른 스타일을 혼합해 나만의 스타일 창조

인테리어를 할 때 낡은 것과 새로운 것, 동양과 서양 등 다양한 스타일을 선택해 혼합하면 자신만의 개성을 표현할 수 있습니다.
무엇을 어떻게 혼합할지는 당신의 선택에 따라 달라집니다.
그렇게 개성을 표현한 공간은 전시장과 호텔에는 없는 오직 자신만의 공간입니다.

▲ 모던과 클래식이 함께 있는 공간

심플한 실내 장식에 붉은 이탈리아제 모던 소파, 흰 다리가 매력적인 클래식 사이드테이블, 벽에 걸린 우아한 거울 등 서로 다른 시대에 유행한 스타일을 섞어놓은 절충 스타일이다.

◀ 취향을 혼합해 가장 자신다운 공간으로 연출

심플하고 내추럴한 북유럽풍 공간에 지인이 직접 만들어 준 내추럴한 테이블, 복고풍의 모던 소파, 금속 주전자와 일본의 민예품을 혼합했다. 좋아하는 것을 한데 모아 자신에게 가장 잘 어울리는 공간을 만든 것이다.

Part 3

컬러 코디네이션 기본 레슨

실내 장식에서 소품 배치까지, 집을 꾸미다 보면
언제나 배색이라는 문제에 부딪히게 마련입니다.
Part 3에서는 인테리어 초보자도 쉽게 활용할 수 있는
배색의 기본 이론과 기술에 대해 자세히 알아보겠습니다.

Lesson 1
Color Coordinate

초보자도 색을 자유자재로 배합하는 비결, 색의 황금비율

색 배분 공식은 70:25:5

배색은 색을 한 가지로 통일하는 것이 아닙니다.
여러 가지 색을 쉽게 매치하는 배색의 비결을 알아봅니다.

색을 쓰는 비중이 달라지면 이미지도 달라진다

인테리어 배색이란 집 안의 모든 색을 조화롭게 배열하는 것을 말한다. 그래서 서로 어울리는 색을 찾는 것은 물론, 어떤 색을 어느 정도의 면적에 사용할지 결정하는 '색 배분' 역시 중요하다. 흑백으로 옷을 입을 때를 생각해보면, 흰색 옷에 검은색 소품을 곁들일 때와 검은색 옷에 흰색 소품을 곁들일 때의 이미지가 매우 다르다는 것을 알 수 있다. 이처럼 어떤 색이 얼만큼의 넓은 비중을 차지하느냐에 따라 완성된 이미지도 완전히 달라지는 것이다.

초보자라면 우선 인테리어에 쓰고 싶은 색을 '배경색', '주요색', '강조색'의 세 가지로 나누고, 그 비중을 70%+25%+5%로 조정하자. 여러 색을 같은 비중으로 써서 전체적인 균형을 잡으려면 뛰어난 센스와 지식이 필요하다. 하지만 위의 공식대로 배분하면 원하는 인테리어 이미지를 쉽게 실현할 수 있으며, 강한 색도 안정감 있고 세련되게 매치해 인테리어를 완성할 수 있다.

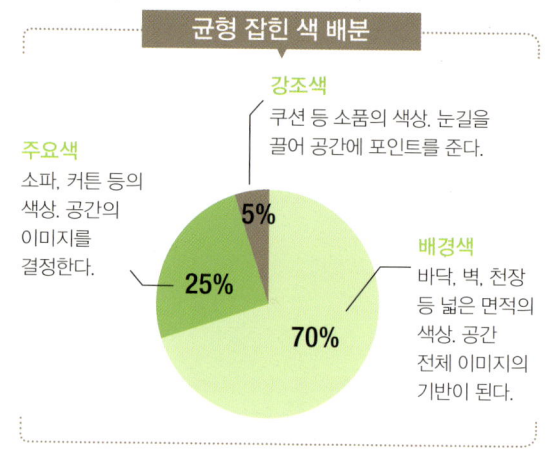

균형 잡힌 색 배분

주요색 소파, 커튼 등의 색상. 공간의 이미지를 결정한다. 25%

강조색 쿠션 등 소품의 색상. 눈길을 끌어 공간에 포인트를 준다. 5%

배경색 바닥, 벽, 천장 등 넓은 면적의 색상. 공간 전체 이미지의 기반이 된다. 70%

 Point 1 공간 이미지의 기반이 되는 배경색

배경색이란 바닥, 벽, 천장 등 방의 대부분을 차지하는 기본색을 말한다. 인테리어 전체를 감싸 안는 색이므로 면적은 전체의 70% 정도가 적당하다. 밝은 느낌 또는 세련된 느낌 등으로 공간의 전체적인 이미지를 결정짓는 색이기도 하다.

 Point 2 공간의 색 이미지를 좌우하는 주요색

주요색은 집에서 주요한 역할을 하는 색이다. 면적은 25% 정도로, 소파나 커튼, 러그 등에 주로 이용한다. 공간의 색 이미지를 더욱 풍부하게 만드는 색이므로 배경색과 조화를 이루는지 고려하고, 색조에도 신경을 써야 한다.

 Point 3 인테리어에 긴장감을 불어넣는 강조색

강조색은 인테리어에 긴장감을 불어넣는 색이다. 사용되는 면적은 전체의 5% 정도로, 쿠션과 액자, 전등갓 등에 이용한다. 포인트로 쓰는 색이므로 전체 공간에 활기를 줄 수 있도록 눈에 띄는 색을 고르자.

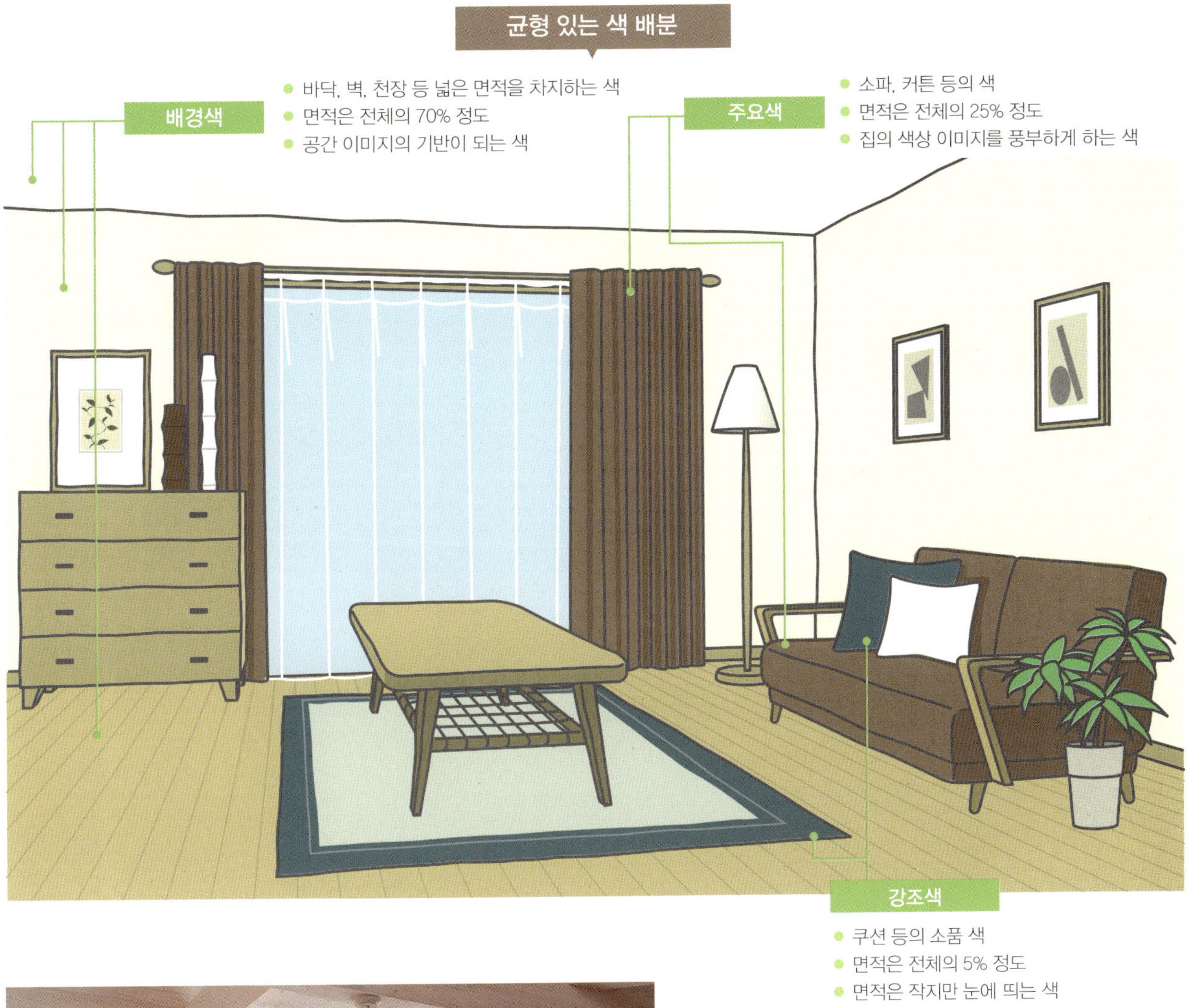

균형 있는 색 배분

배경색
- 바닥, 벽, 천장 등 넓은 면적을 차지하는 색
- 면적은 전체의 70% 정도
- 공간 이미지의 기반이 되는 색

주요색
- 소파, 커튼 등의 색
- 면적은 전체의 25% 정도
- 집의 색상 이미지를 풍부하게 하는 색

강조색
- 쿠션 등의 소품 색
- 면적은 전체의 5% 정도
- 면적은 작지만 눈에 띄는 색

◀ 연분홍이 주요색인 공주의 방 같은 공간

천장, 벽 패널, 창문 주변에 배경색으로 흰색을 쓰고, 벽과 러그에 주요색으로 연분홍색을, 그리고 강조색으로는 주요색의 반대색에 가까운 하늘색을 썼다.

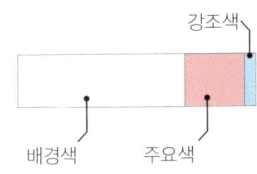

배경색 / 주요색 / 강조색

컬러

강한 색을 튀지 않게 배치하는 비결

색 배치의 핵심은 '반복'

Lesson 2
Color Coordinate

빨강과 검정처럼 강렬한 색, 개성 있는 색이 인테리어에 효과적으로 조화되기 위한 배색의 기술을 소개합니다.

Pattern 01   다수의 빨강과 검정 소품으로 장식된 공간

다양한 색을 이용한 개성적인 인테리어. 그러나 잘 살펴보면, 빨강과 검정 등의 강한 색이 여기저기 반복해 쓰인 것을 알 수 있다.

강조색인 빨간색을 반복해서 사용해 전체와 조화를 이루도록 했다.

검정을 반복해서 사용해 인테리어에 포인트를 주었다.

색을 반복 사용해 전체적인 통일감 연출

인테리어에 강한 색을 넣고 싶을 경우, 한 곳에만 강한 색을 쓰면 생뚱맞아 보일 수 있다. 그러나 집 안 여기저기에 그 색을 반복해서 사용하면 전체적으로 통일감을 줄 수 있다.

예를 들어, 빨간색 소파가 있다면 같은 빨간색이 들어간 커튼이나 소품을 배치하면 소파만 너무 튀지 않고 공간 전체에 아름다운 리듬이 생겨난다.

연한 색으로 통일된 내추럴한 공간에 검은색 TV가 도드라져 보일 때도 내추럴 스타일과 잘 어울리는 검은색의 철제 커튼레일과 오브제 등을 배치하면 신기하게도 TV의 검은색이 도드라져 보이지 않게 된다.

Pattern 02

**액자 속 그림에 쓰인 색을
장식용 소품에도 반복**

포스터에 있는 색을 소품에도 사용해 반복했다. 그림과 무늬에 들어 있는 색상 중 한두 가지를 골라서 반복하면 전체적으로 정돈되어 보인다.

— 그림 속의 노란색을 소품에도 사용하여 반복한다.

— 포스터의 빨간색과 비슷한 색의 소품을 배치한다.

Pattern 03

**강한 색을 이곳저곳에 반복함으로써
강조색이 두드러지게 연출**

세련된 인테리어 속에 선명한 빨간색 의자와 소품을 놓아 강조색이 더욱 두드러져 보이게 했다.

— 가구, 책 표지, 소품 등에 선명한 색을 반복해서 둔다.

Pattern 04

**꽃무늬의 색, 가구의 색 등을 반복 사용해서
색의 통일감 연출**

룸체어와 앤티크 캐니스터의 연두색, 쿠션의 꽃무늬에 쓰인 분홍색을 반복해 통일감을 주었다.

— 쿠션 꽃무늬와 같은 분홍색 생화를 장식했다.

— 같은 녹색을 반복해 통일감을 주었다.

컬러

기본 인테리어의 배색 기술

장식과 인테리어 아이템의 배색

Lesson 3
Color Coordinate

바닥, 벽, 천장과 붙박이 가구, 그리고 집 안의 목재와 금속 등
인테리어의 골격을 형성하는 곳에 어떤 색을 입힐지 생각해봅니다.

▶ **바닥 색을 밝게 해 넓어 보이게 한다**
좁은 아파트라도 바닥색이 밝으면 훨씬 넓어 보인다. 북유럽 가구를 배치해 더욱 쾌적한 집을 완성한다.

◀ **확장감과 안정감을 겸비한 배색**
전체적으로 내추럴한 배색이지만 바닥은 진하게, 벽과 천장은 밝게 해서 안정감과 확장감이 느껴지도록 했다.

 Point 1 바닥 → 벽 → 천장 순으로 밝은색을 쓰면 넓고 탁 트인 인상을 준다

같은 크기와 무게라도 색이 진하면 무거워 보이고, 색이 연하면 가벼워 보인다. 이러한 명암 효과를 실내 장식재 선택에도 응용할 수 있다. 또 바닥을 어둡게, 천장을 밝게 하면 천장은 높아 보이고 공간은 넓어 보인다. 흰색 천장은 최대 10cm까지 높아 보이고, 검은색 천장은 최대 20cm까지 낮아 보인다.

바닥 → 벽 → 천장, 즉 위로 갈수록 밝은색을 칠하면 천장이 높아 보이고 방도 넓어 보인다. 벽과 천장을 같은 색으로 통일해도 좋다.

천장을 어두운 색으로 마감하면 천장이 실제보다 낮아 보인다. 따라서 아늑한 분위기가 필요한 침실이나 서재 등에는 어두운 색을 써도 좋다.

 Point 2 바닥 색을 밝게 하면 좁은 공간도 넓어 보인다

사람도 흰옷을 입으면 뚱뚱해 보이고 검은색 옷을 입으면 날씬해 보인다. 검은색 등 어두운 색은 부피를 축소해서 보여주는 '수축색'이고 흰색 등 밝은색은 부피를 확대해서 보여주는 '팽창색'이기 때문이다. 이와 같이 실내 장식도 밝은색으로 마감하면 집이 넓어 보인다.

바닥을 밝은색으로 마감하고 벽과 천장을 비슷한 색으로 마감하면 좁은 집도 넓고 환하게 느껴진다.

바닥을 진한 색으로 마감하고 벽과 천장을 전혀 다른 색으로 마감하면 아늑하고 차분한 분위기를 느낄 수 있다.

Point 3 목재와 금속의 색을 통일하면 전체적인 색상이 조화를 이룬다

배색을 할 때 가장 주의할 점은 목재와 금속의 색이다. 특히 목재에 연갈색, 적갈색, 진갈색이 쓰였다면 그 공간에는 이미 세 가지 색이 쓰인 것이다. 또 부피가 큰 가구의 색은 문의 색과 통일하는 것이 깔끔해 보인다.

목제 가구를 구입할 때도 기존 가구의 색과 소재, 질감을 확인한 후 같은 색과 질감의 제품으로 고르거나, 아예 이질적인 것을 골라서 포인트로 활용하는 것이 좋다. 새시나 조명 등의 금속 부분도 색과 마감재의 질감을 통일하자.

▲ **금속은 모던한 은색으로 통일**
레인지후드와 식탁 다리 등의 금속은 은색으로, 바닥과 식탁 상판은 나뭇결을 살린 흰색으로 통일했다.

▶ **나무는 진갈색, 금속은 검정으로 통일**
침대는 들보와 같은 색인 밤색으로 주문하고, 커튼레일과 조명, 사이드테이블 다리의 금속 부분은 검은색 철제로 통일했다.

 Point 4 가구를 고를 때는 배경이 되는 벽의 색과 질감에도 신경쓰자

가구와 벽의 색을 통일하면 단조로워 보이거나 가구가 벽에 동화될 수 있다. 공간과 가구의 매력이 서로 돋보이도록 색과 소재에 변화를 준다.

▲ **강렬한 색의 통나무 벽과 모던한 가구의 대비가 아름답다**
사각형 통나무로 지은 집. 밤색의 벽 앞에 늘어선 모던한 가구가 돋보이는 세련된 공간이다.

 Point 5 컬러 패턴이 들어간 벽지와 직물을 선택할 때는 방의 넓이를 고려하자

벽과 커튼 등의 직물을 선택할 때는 패턴이 어떻게 보일지 미리 확인해야 한다. 큰 무늬는 앞으로 돌출되어 보이고, 가로줄무늬는 가로로, 세로줄무늬는 세로로 길어 보이는 효과가 있다.

또 같은 색이라도 면적에 따라 인상이 달라진다. 면적이 넓을수록 밝은색은 더 밝고 선명하게, 어두운 색은 더 어둡게 느껴진다. 그러므로 바닥재와 벽지는 되도록 큰 견본으로 확인하는 것이 좋다.

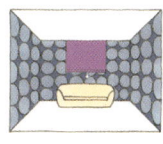
큰 무늬가 들어갔거나 진한 색의 벽은 앞으로 돌출되어 보여서 방이 좁게 느껴진다.

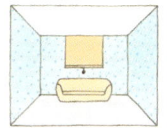
방이 넓어 보이려면 흰색 계열의 밝은색을 써야 한다. 벽지나 직물은 무지이거나 자잘한 무늬가 들어간 것을 추천한다.

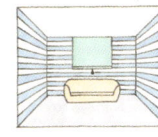
가로줄무늬는 가로 길이를 강조한다. 이때는 천장이 낮아 보여 답답해질 수 있다.

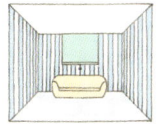
세로줄무늬는 높이를 강조한다. 단, 색 대비가 강한 두꺼운 줄무늬를 넓은 면적에 바르면 방이 좁아 보인다.

창호나 붙박이 가구의 색은 바닥·벽과의 조화가 기본

창호나 붙박이 가구 등 목재의 색을 정할 때는 첫 번째 일러스트처럼 바닥과 색을 통일하는 것이 일반적이다.

세 번째 일러스트처럼 창호나 붙박이 가구를 바닥보다 진한 색으로 선택하면 공간에 긴장감이 생겨난다. 그러나 큰 벽장이 있는 등 벽보다 목재가 더 큰 면적을 차지한다면 목재와 바닥재의 색을 달리하는 게 좋다. 그래야 답답해 보이지 않는다.

두 번째 일러스트처럼 기본적으로 창호와 벽을 같은 색으로 마감하면 방이 넓어 보인다.

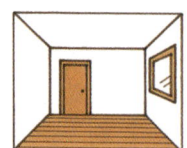

창호나 붙박이 가구를 바닥재와 같은 색으로 통일하는 방법. 조화를 이루기 쉽고 통일감도 있다.

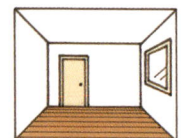

창호와 붙박이 가구를 벽과 비슷한 색으로 하는 방법. 문과 수납장이 많아도 눈에 잘 띄지 않아 방이 넓어 보인다.

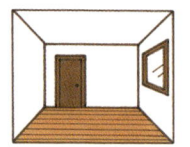

창호와 붙박이 가구를 바닥보다 진한 색으로 마감하는 방법. 공간에 긴장감이 생겨나 세련되고 중후한 느낌을 낸다.

▲ **목재를 바닥과 같은 색으로 맞추어 통일감 있는 집 연출**
첫 번째 일러스트의 실제 사례로 창호와 천장, 창틀 등 목재를 바닥재와 같은 색으로 맞추었다. 통일감이 있어 소품을 배치하기 쉽다.

▲ **창호 등 목재의 색을 벽의 색과 통일해 넓어 보인다**
두 번째 일러스트의 실제 사례로 문과 창호를 벽과 같은 흰색으로 통일했다. 벽과 목재의 색을 통일하자 시선이 연결되어 공간이 넓게 느껴진다.

▲ **창호 등의 목재를 바닥보다 진한 색으로 마감해 세련되게 연출**
세 번째 일러스트의 실제 사례로 창호, 붙박이 가구 등 목재 부분을 바닥보다 진한 색으로 마감했다. 적당한 긴장감이 느껴지는 세련된 인테리어.

Point 7 바닥과 가구 색이 밝으면 방이 넓어 보이며, 가구 색이 진하면 공간에 긴장감이 생긴다

목재 가구의 색이 바닥 색과 어떻게 조화를 이루느냐에 따라 전체 공간이 넓어 보이기도 하고, 가구가 강조되기도 한다.

첫 번째 일러스트처럼 밝은 색 바닥 위에 같은 색의 가구를 놓으면 방이 넓어 보일 뿐 아니라 목재의 색이 통일되어서 소품 등으로 변화를 주기 쉽다. 밝은색 바닥 위에 어두운 색의 가구를 두면 가구의 선이 강조된다. 두 번째 일러스트처럼 진한 색에는 중후한 느낌이 있어서 가구가 고급스러워 보이는 이점도 있다. 반대로 세 번째 일러스트처럼 진한 바닥 위에 연한 색의 가구를 놓으면 가구가 빈약해 보이기 쉽다. 그럴 때는 질 좋은 원목 가구나 도장으로 나뭇결을 덮은 제품을 고르자.

▲ **바닥 색과 가구 색을 통일하면 통일감과 확장감이 느껴진다**
첫 번째 일러스트의 실제 사례로 바닥과 가구 색을 통일하면 분위기가 서로 다른 가구를 두어도 통일감이 느껴진다. 밝은색 덕분에 공간이 넓어 보인다.

바닥과 목제 가구의 색을 통일하면 공간 연출이 쉬워진다. 밝은색으로 통일하면 공간이 넓어 보인다.

▲ **밝은색의 바닥 위에 밤색 앤티크**
두 번째 일러스트의 실제 사례로 가구 색이 바닥 색보다 진하면 가구가 돋보이고 공간에 긴장감이 생겨난다. 진한 색의 가구에서는 고급스러움이 느껴진다.

목제 가구의 색이 바닥 색보다 진하면 가구가 돋보이고 공간에 긴장감이 생긴다. 더불어 색이 진한 가구는 고급스러워 보인다.

▲ **밤색 바닥에 흰 페인트로 도장한 가구 배치**
세 번째 일러스트의 실제 사례로 어두운 밤색 바닥재에 흰 페인트를 칠한 목제 가구를 곁들인 세련된 코디네이션.

가구 색이 바닥 색보다 밝으면 가구가 가벼워 보인다. 질 좋은 가구 또는 도장으로 나뭇결을 덮은 가구를 고른다.

인테리어 이미지별 색 선택의 기초

색의 이미지에 대한 기본 지식

Lesson 4
Color Coordinate

색의 원칙과 속성, 이미지를 이해하고, 원하는 인테리어에 어울리는 색을 선택해봅니다.

색의 속성과 변화

우리가 생활하며 보는 다양한 색은 '유채색'과 '무채색'으로 나눌 수 있다. 그중 유채색은 색깔을 나타내는 '색상', 선명함을 나타내는 '채도', 밝기를 나타내는 '명도'에 따라 그 느낌이 다양하게 변화한다.

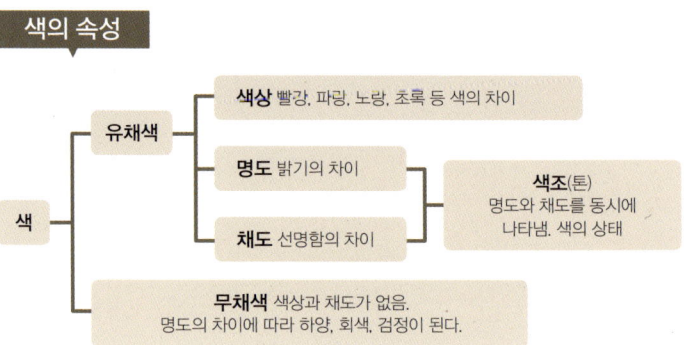

Theme 1 색상과 이미지

색이 지닌 개성과 이미지를 인테리어에 적용한다

유채색 중 각기 다른 빛의 파장으로 생겨나는 빨간색, 노란색, 녹색, 파란색, 보라색 등의 빛깔을 '색상'이라고 한다.

유채색, 무채색을 포함해 각 색상에는 누구나 공통적으로 떠올리는 이미지가 있다. 흰색은 깨끗함, 보라색은 신비로움, 녹색은 자연을 상징하는 것이 그 예이다.

인테리어도 마찬가지다. 가족이 한데 모이는 거실에는 온화한 갈색이나 녹색 계열, 욕실이나 세면실에는 청결해 보이는 흰색을 쓰는 등 공간의 용도에 맞는 색을 선택해 쾌적한 공간을 만들 수 있다.

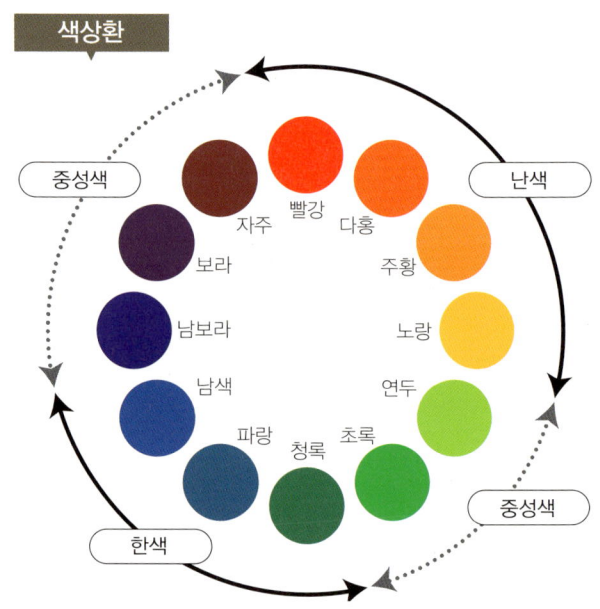

파장이 가장 긴 빨강부터 파장이 가장 짧은 남보라까지 순서대로 나열한 후, 남보라와 빨강 사이에 보라와 자주를 추가해 고리 모양을 만들면 색상환 배열표가 된다. 색채학에서는 색상을 10색 혹은 24색으로 나누기도 하지만, 여기서는 12색으로 분류했다. 색상환에서 마주보는 색을 '반대색(보색)', 이웃한 색을 '유사색'이라고 부른다.

색 이미지

색	이미지
흰색	깨끗함, 순수함, 단정함
회색	금욕, 인공적, 쿨함
빨강	활기, 활동성, 식욕
분홍	여성스러움, 상냥함, 낭만적
갈색	자연, 온화함, 차분함
녹색	숲, 자연, 휴식
파랑	쿨함, 지성적, 산뜻함
보라	장엄함, 고귀함, 신비로움

선명한 주황색과 빨간색으로 쾌활한 이미지

빨간색, 주황색, 갈색, 노란색 등의 난색으로 따스하게 꾸민 거실. 선명한 주황색과 빨간색, 노란색을 사용해 활기를 더했다.

연두색 계열로 온화한 이미지

벽과 테이블보는 흰색이 섞인 연두색. 천장과 구조재, 가구가 아이보리색이라서 연두색이 한층 부드럽고 온화해 보인다.

선명한 빨간색으로 활동적이고 모던한 인상

흰색 벽과 소파 주변의 빨간색 직물이 돋보이는 인테리어. 선명한 빨간색과 흰색의 대비가 활동적이고 모던한 느낌을 표현한다.

Theme 2 색조와 이미지

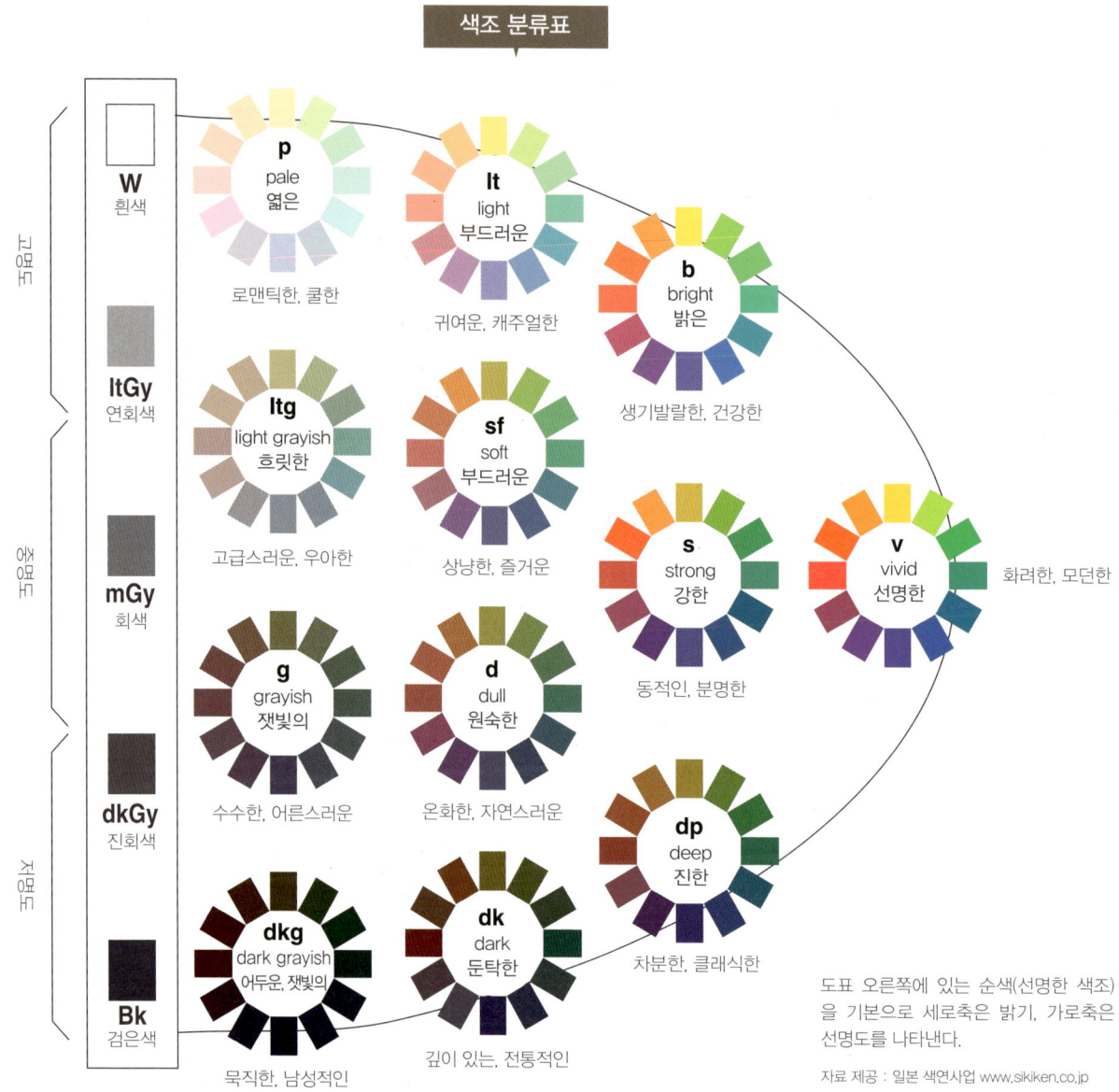

명도와 채도에 따라 색은 다양하게 변화한다

색조란 명도(밝기)와 채도(선명함)를 동시에 나타낸 것으로, 색의 상태를 말한다. 예를 들어 색상환에 있는 순색, 즉 선명한 녹색에 흰색을 조금씩 섞으면 명도는 높아지고 채도는 낮아져 점점 연두색으로 변한다. 이러한 과정을 거쳐 아주 연해진 상태를 '맑은 색조'라고 한다. 마찬가지로 순색인 녹색에 검은색을 조금씩 섞으면 명도와 채도가 점점 낮아져 결국 칙칙한 녹색이 된다. 이처럼 어두운 잿빛이 도는 색을 '탁한 색조'라고 한다. 이렇게 유채색은 순색에 섞는 흰색과 검은색, 회색의 양에 따라 밝기나 선명함이 달라져 다양한 색조를 나타낸다.

또한 빨간색은 '뜨거움', 파란색은 '차가움' 등으로 색상마다 나타내는 이미지가 있듯이 색조에도 각기 개성이 있다(위 도표 참조). 색상이 같아도 색조가 달라지면 그 인상도 매우 달라진다.

온화한 색조

따스하고 밝고 친근하며 부드러운 이미지

온화한 색조를 띤 연분홍색의 1인용 소파와 장미무늬 쿠션, 러그는 느긋한 티타임에 어울리는 배색이다.

선명한 색조

젊고 활동적이며 화려한, 강렬하고 예리하며 자극적인 이미지

1950년대의 미국 가정을 본뜬 인테리어. 주방 가구의 검은색과 의자의 선명한 색, 직물의 무늬 등 개성이 강한 색상을 조합한 강렬한 배색이다.

차분한 색조

세련되고 차분하고 조심스러우며 수수하고 검소한 이미지

간접 조명이 설치된 침대 머리맡의 헤드보드를 분위기 있고 탁한 색조의 보라색 페인트로 칠해 세련되게 연출한 방. 관엽 식물의 녹색이 포인트다.

어두운 색조

전통적이고 원숙하고 농밀하며 차분하고 깊이 있는 이미지

청록색 벽지와 암적색 커튼, 러그 등 깊이 있는 색으로 꾸민 영국 스타일의 인테리어. 앤티크 가구가 잘 어울리는 방이다.

인테리어를 성공적으로 완성하는 배색 기술

4가지 유형의 기본 배색

Lesson 5
Color Coordinate

좋아하는 색으로 가득한 멋진 공간을 만들기 위한 배색 기술을 소개합니다.

Pattern 01 | 같은 색

한 가지 색의 다양한 색조를 즐기는 그러데이션 기법

같은 색의 배색이란, 한 가지 색상을 명도와 채도를 달리해 조합하는 방법이다. 모두 같은 색이기 때문에 꽃무늬와 스트라이프, 체크 등 서로 다른 무늬를 조합하는 고난도의 인테리어에도 도전해볼 수 있다.

파란색을 좋아한다고 해서 집을 모두 파란색으로 도배하면 단조롭고 평범해지겠지만, 그러데이션을 이용해 각기 다른 색조를 활용하면 깊이 있는 인테리어를 즐길 수 있다. 방의 기본 색상을 명확히 하면서도 여러 가지 색을 활용해 아름다운 인테리어를 완성하는 것이다.

같은 색으로 배색하는 방법 중에서도 갈색 계열의 배색은 연령에 관계없이 인기가 많다. 단, 튀지 않는 중립적인 색의 기본적인 조합이니 인테리어가 단조로워지지 않도록 여러 소재를 조합하거나 농담에 차이를 두는 방법을 생각해볼 수 있다.

▲ **빨간색 그러데이션이 그윽한 분위기를 풍기는 인테리어**

선명한 색조의 '빨간색' 쿠션을 비롯해 탁한 빨간색, 진한 빨간색, 어두운 빨간색, 불그스름한 회색과 베이지색까지, 조금씩 다른 빨간색을 반복해 분위기 있는 배색을 완성했다.

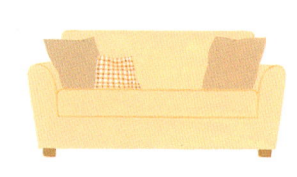

갈색과 베이지색으로 구성된 같은 색의 배색. 중성적인 느낌이라서 연령에 관계없이 인기를 끄는 배색이다.

파란색으로 그러데이션한 차분한 배색. 색채가 하나라서 다른 무늬를 섞어 쓰기도 좋다.

▶ **파란색 그러데이션이 차분함과 안정감을 선사한다**

벽, 침대보, 벽에 건 액자에 이르기까지 다양한 색조의 파란색이 쓰인 침실. 같은 계열로 배색하면 여러 무늬를 섞어 쓰기도 쉬우므로, 직물 제품이 많은 침실에 한번쯤 도전해볼 만한 방법이다.

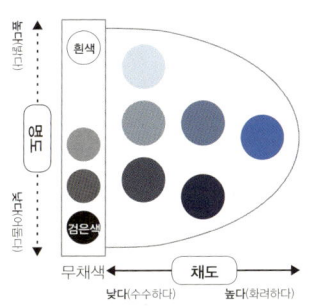

같은 계열로 배색하더라도 농담을 달리하면 전혀 다른 느낌이 난다

농담의 차가 큰 경우

밤색으로 포인트를 준 세련된 인테리어

베이지색과 밤색의 대조로 변화를 준 세련된 공간이다. 난로의 좌우에 배치된 가구의 대칭 구도 역시 기분 좋은 긴장감을 자아낸다.

농담의 차가 적은 경우

부드러운 색과 자연 소재를 활용한 느긋한 공간

바닥은 소나무 원목, 벽은 규조토. 연한 색의 목제 가구와 창에 달린 천연 원단 블라인드 등 전체적으로 농담의 차가 거의 없는 연한 색으로 정돈해 부드럽고 온화한 분위기다.

| Pattern 02 | 같은 색조 |

**명도, 채도, 이미지가 같아서
여러 색이 위화감 없이 조화되는 배색**

같은 색조의 배색이란, 다양한 색의 색조를 통일해 배색하는 방법을 말한다. 이 배색의 가장 큰 장점은 여러 색을 쉽게 조화시킬 수 있다는 것이다. 명도와 채도가 통일되어서 다양한 색을 써도 잘 어울리므로, 화가의 아름다운 팔레트 같은 인테리어를 완성할 수 있다.

또 선명한 색조는 건강한 느낌, 온화한 색조는 따스한 느낌을 내는 등 색조마다 고유한 이미지가 있어서 원하는 인테리어 이미지를 실현하는 데 도움이 된다. 색조 분류표(P. 70)를 참고해 원하는 이미지를 연출해보자.

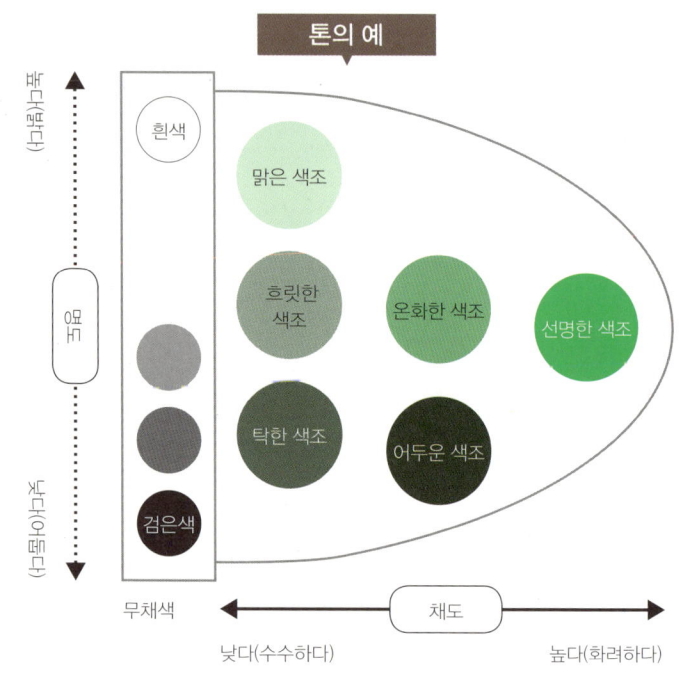

캐주얼하고 부드러운 이미지의 맑은 색조.

자연스럽고 온화하며 차분한 이미지의 원숙한 색조.

분명하고 개성적인 '강한 색조'의 배색
알록달록한 러그와 보라색 쿠션이 포인트인 강한 색조의 예술적인 인테리어.

밝고 따스한 느낌을 주는 '부드러운 색조'의 배색

부드러운 색조의 파란색, 보라색, 분홍색, 연두색이 들어간 직물 제품을 반복해 알록달록하면서도 부드러운 느낌의 침실로, 흰색 가구나 창틀과도 잘 어울리는 배색이다.

고요함과 고급스러움이 느껴지는 '차분한 색조'의 배색

연두색 헤드보드와 쿠션, 파란색과 베이지색이 섞인 벽지 등 서로 다른 색이 같은 색조로 아름답게 조화된 방.

Pattern 03 | 유사색

색감이 비슷해 매치하기 쉽고 안정감이 든다

유사색 배색이란 색상환에서 이웃해 있는 비슷한 색을 조합하는 방법이다. 색감이 유사하고 색의 성격이 비슷하므로 혼합하기 쉬운 배색이기도 하다.

또한 노을 진 하늘과 점점 깊어지는 바다, 화창한 날의 나뭇잎처럼 자연에서 흔히 볼 수 있는 부드러운 그러데이션을 주로 사용해 친숙하고 편안하면서도 산뜻한 느낌을 준다.

과일을 떠올리게 하는 주황색~연두색

벽은 노란색, 주방 가구는 연두색으로 칠했다. 유사색을 조합하니 활기차고 산뜻한 색끼리 조화를 잘 이룰 뿐만 아니라 재미있고 생생한 분위기가 느껴진다.

빨간색~주황색의 따뜻한 색 그러데이션. 활발하고 따뜻한 이미지.

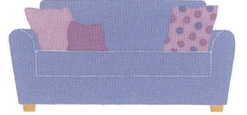

파란색~보라색의 차가운 색 그러데이션. 차분하고 시원한 이미지.

온화하고 차분한 레몬색~파란색

연두색에 가까운 레몬색 수납장, 연두색 벽, 파란색 장식품들로 배치하였다. 식물과 물을 떠올리게 하는 차분한 색으로 정돈된 사랑스러운 아이 방.

| Pattern 04 | 반대색 |

개성이 반대인 색으로
서로를 돋보이게 하는 고난도 배색

반대색 배색은 색상환에서 마주보는 색(반대색 또는 보색)을 조합하는 방법이다. 반대색은 색의 성격도 반대이기 때문에 서로 대조를 이루어 강한 인상을 준다. 이는 곧 서로를 돋보이게 하는 배색이라고 할 수 있다.

선명한 반대색을 쓰면 자극적인 인상을 준다. 그러나 무채색이나 중립적인 색을 배경색으로 쓰거나 두 반대색 사이에 끼워 넣으면 강렬한 느낌이 누그러져서 전체적으로 쉽게 조화를 이룬다. 채도를 낮추거나 반대색을 주요색 또는 강조색으로 쓰면 고급스러운 분위기를 연출할 수 있다.

녹색과 보라색 등 개성이 강한 색을 고급스럽게 잘 섞은 공간

아주 연한 연두색을 배경색으로, 진보라색을 강조색으로 활용했다. 반대색을 쓰면서도 명도와 채도를 최대한 낮추어 고급스럽게 연출한 모범적인 인테리어다.

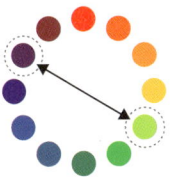

주황색의 반대색인 파란색 쿠션을 포인트로 사용한 인테리어.

노르스름한 녹색과 붉그스름한 보라색을 섞어 개성 있는 반대색 배색이 되었다.

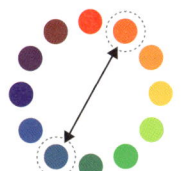

선명한 두 가지 색인 흰색 천장과 밤색 가구를 매치한 주방

균형 있게 반대색을 섞어 멋있어 보이는 인테리어다. 흰색의 면적을 조절하고 가구를 갈색으로 통일한 것 역시 인테리어 성공의 비결.

White Interior

흰색은 한 가지 색이 아니다! 무궁무진한 흰색의 변신

'벽은 흰색으로', '흰 타일을 깔아 주세요'. 분명 그렇게 주문했지만 완성된 모습이 생각과는 다를 때가 있죠.
그 이유는 따뜻한 흰색, 시원한 흰색, 내추럴한 흰색 등등 흰색에는 여러 종류가 있기 때문입니다.
흰색 속에 조금씩 포함된 '색 요소'를 파악해 인테리어 이미지에 맞는 흰색을 정확히 선택해보세요.

따뜻하고 여유롭고 우아한 느낌의 흰색
붉은 기가 살짝 도는 연한 핑크베이지처럼 보이는 흰색.
부드럽고 여성스러운 인테리어에 잘 어울린다.

Red Base
붉은 기가 도는
베이지색 계열의 흰색

사랑스럽고 친근한 시골 느낌의 흰색
부드럽고 소박하며 따스한 크림색에 가까운 노르스름한 흰색.
컨트리 스타일과 내추럴 스타일에 잘 어울린다.

Yellow Base
크림색, 노란색 계열의 흰색

쿨하고 도회적인 느낌을 주는 세련된 흰색
흔히 '새하얗다'고 하는 순수한 흰색과 약간 푸른빛을 띤 회색조의
세련된 흰색. 심플 모던 스타일에 잘 어울린다.

Cool Gray Base
차가운 회색 계열의 흰색

전통과 현대가 공존하는 세련된 인상의 흰색
회색이 약간 섞인 따뜻한 베이지색 계열의 흰색. 전통적인 스타일에서
현대적인 스타일까지 폭넓게 활용할 수 있는 세련된 색이다.

Warm Gray Base
따뜻한 회색 계열의 흰색

Part 4

가구 선택과 레이아웃 레슨

한정된 공간을 활용해 넓고 쾌적한 집을 만들려면
좋아하는 가구를 찾아서 고르고 잘 배치하는 일이
무엇보다 중요합니다. Part 4에서는 아이템별·공간별로
알아두어야 할 인테리어 포인트와 인기 가구 매장의 상품을 소개합니다.

내게 딱 맞는 가구를 찾기 위한 체크포인트

아이템별 가구 선택법

Lesson 1
Furniture

생활 도구인 가구를 고를 때는 디자인, 크기, 기능성, 내구성을 모두 생각해야 합니다. 지금부터 그 구체적인 선택법을 아이템별로 살펴보겠습니다.

Item 01
식탁과 의자

▼ **심플 & 내추럴한 캐주얼 다이닝**

깔끔한 디자인의 내추럴한 식탁 세트. 시트에 쿠션이 달려 있어서 오래 앉아 있어도 불편하지 않다. 등 쪽이 뚫려 있는 경쾌한 디자인이 공간을 넓어 보이게 한다.

식탁과 의자 선택의 포인트

- 의자는 쉽게 옮길 수 있는 가벼운 것을 선택한다.
- 소재와 마감재는 무엇인지, 손질하기는 쉬운지, 흠집이 나지 않는지 확인한다.
- 가로대가 있어야 가구가 뒤틀리지 않는다. 함께 사용할 의자가 식탁 밑에 무리 없이 들어가는지 확인한다.
- 의자와 식탁 상판 사이는 일반적으로 27~30cm 정도여야 식사할 때 편안하다.
- 좌석의 높이와 깊이, 등받이 각도가 사용자에게 적합한지 확인한다. 등받이가 높을수록 격식 있어 보이며, 좁은 공간에서는 등받이가 뚫려 있는 디자인이 시원해 보인다.
- 의자는 안정감이 있는 것을 선택한다. 다리가 3개인 의자는 체중을 잘못 실으면 넘어질 수 있다.
- 식탁 다리가 상판 모서리에 붙어 있으면 앉는 공간이 넓어진다. 반면에 다리가 안쪽에 붙어 있으면 식탁 주변을 지나다가 다리에 발을 부딪칠 염려가 없다.

한 사람 식사 공간	의자 선택 시 주의할 점
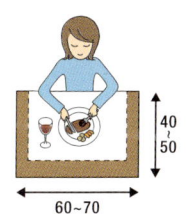 단위는 cm 40~50 60~70	 좌석이 너무 깊거나 등받이가 지나치게 기울어진 것은 피한다. 팔걸이의자는 팔걸이 높이가 식탁의 상판 높이보다 낮아야 의자를 식탁 밑에 집어넣을 수 있다. 좌석에 앉았을 때 발바닥 전체가 바닥에 확실히 닿고 허벅지 뒤쪽이 눌리지 않는것이 좋다. 좌석이 너무 길어서 깊숙이 앉을 수 없는 디자인은 피하자. 시트의 쿠션이 너무 푹신하지 않은 것으로 고른다.

식탁 치수를 계산하려면 그림의 수치에 사용자 수를 곱한 후 여유 공간을 더한다.

 크기

Point 1. 앉을 때 필요한 주변 공간까지 고려한다

식탁 크기는 공간의 면적과 용도에 따라 선택한다. 식탁 주변으로는 의자를 뺄 수 있는 공간(P. 89 참조)도 필요하다는 점을 기억하자. 또 원형 식탁보다 자리를 덜 차지하는 직사각형 식탁은 한쪽 면을 벽에 붙이면 공간을 더욱 절약할 수 있다.

식탁 세트의 표준 치수
단위는 cm

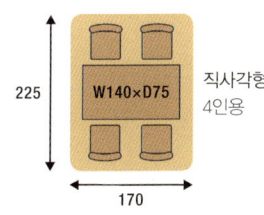

직사각형 4인용
225 × 170, W140×D75

4인용 식탁 세트를 두려면 약 3.8㎡가 필요하다. 또 팔걸이의자는 양옆으로 자리를 더 차지하므로 좁은 공간에는 적합하지 않다.

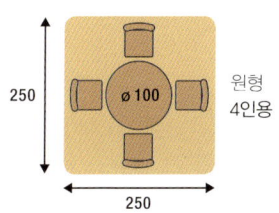

원형 4인용
250 × 250, ø 100

원형은 직사각형보다 자리를 많이 차지하지만, 편안한 자세로 옆 사람과 이야기할 수 있다는 장점이 있다. 또 자리를 잘 조정해 한 사람쯤 더 끼어 앉을 수도 있다.

 소재와 도장

Point 2. 자주 사용하는 가구인 식탁은 내구성과 손질 방법도 중요하다

목제 식탁의 상판은 크게 합판의 표면에 얇은 원목 판재 등의 화장 시트를 붙인 것과 원목을 통으로 쓴 것으로 구분된다. 원목을 통으로 사용해서 만든 상판은 가격이 무척 비싸기 때문에 원목 집성목을 쓸 때도 많다.
폴리우레탄 도장으로 마감한 제품은 오염과 흠집을 막아주어 평소에 손질하기가 수월하다. 그러나 다시 도장하려면 기존의 도장을 벗겨 내야 한다는 단점이 있다. 원목 가구에만 적용되는 오일 마감 또는 왁스 마감은 나무의 호흡을 방해하지 않으면서 시간이 지날수록 가구의 깊은 멋을 느끼게 하는 방식이다.

 착석감

Point 3. 의자를 고를 때는 깊숙이 앉아 보고 시트의 높이와 깊이를 확인하자

식탁 의자를 고를 때는 반드시 신발을 벗고 앉아보아야 한다. 또한 등받이에 등 전체를 밀착시켜 깊숙이 앉아보자. 발바닥 전체가 바닥에 닿고 허벅지 뒤쪽이 눌리지 않으면 적당한 높이다. 의자 다리를 조정할 수 있는 제품도 있으니, 좌석이 너무 높게 느껴진다면 판매처와 상담해보자.
시트는 쿠션이 없는 것과 쿠션이 달린 것이 있는데, 둘 중 오래 앉아 있어도 불편하지 않은 것을 고른다. 일반적으로 의자의 앉는 면과 식탁 상판의 차는 27~30cm가 적당하다.

▲ **세련되고 경쾌한 느낌의 북유럽풍 소파**

인테리어 매장 『리베라』에서 구입한 북유럽풍의 3인용 소파와 1인용 소파. 목제 프레임을 사용하고 시트는 널찍하게 만들어 공간 전체가 넓고 경쾌해 보인다.

Item 02

소파

소파 선택의 포인트

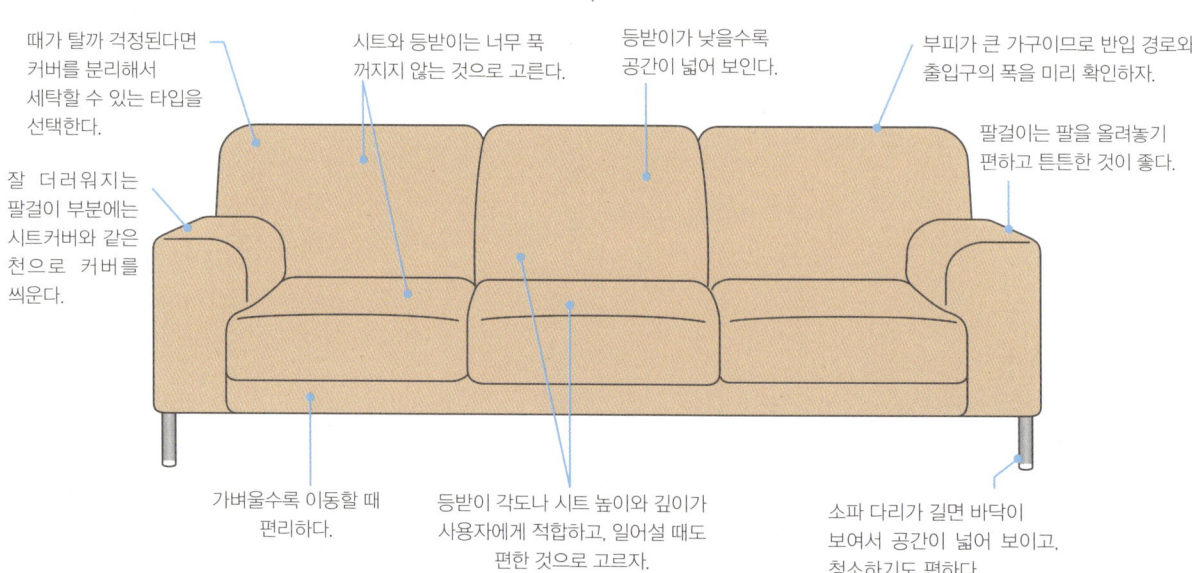

- 때가 탈까 걱정된다면 커버를 분리해서 세탁할 수 있는 타입을 선택한다.
- 잘 더러워지는 팔걸이 부분에는 시트커버와 같은 천으로 커버를 씌운다.
- 시트와 등받이는 너무 푹 꺼지지 않는 것으로 고른다.
- 등받이가 낮을수록 공간이 넓어 보인다.
- 부피가 큰 가구이므로 반입 경로와 출입구의 폭을 미리 확인하자.
- 팔걸이는 팔을 올려놓기 편하고 튼튼한 것이 좋다.
- 가벼울수록 이동할 때 편리하다.
- 등받이 각도나 시트 높이와 깊이가 사용자에게 적합하고, 일어설 때도 편한 것으로 고르자.
- 소파 다리가 길면 바닥이 보여서 공간이 넓어 보이고, 청소하기도 편하다.

Point 1 | 크기

공간과 사용 방식에 알맞은 크기를 고른다

소파 전체의 크기뿐만 아니라 좌석의 면적도 중요한데, 좌석은 한 사람당 폭이 60cm는 되어야 한다. 팔걸이를 좁게 하면 좌석 면적을 충분히 확보하면서 전체 크기를 줄일 수 있다.

프레임에 쿠션을 올려놓는 타입은 폭도 깊이도 충분해 편안하게 앉을 수 있으므로 넓은 거실에 적당하다. 소파 전체를 직물 커버로 감싼 타입은 깊이가 얕은 것이 많아서 정자세로 앉게 되지만, 좁은 공간에 놓아도 답답한 느낌이 들지 않는다.

소파 배열 방식은 I형, 대면형, L형 등이 있다. 좁은 집에서는 스툴 대신 오토만을 사용해 공간을 절약할 수 있다.

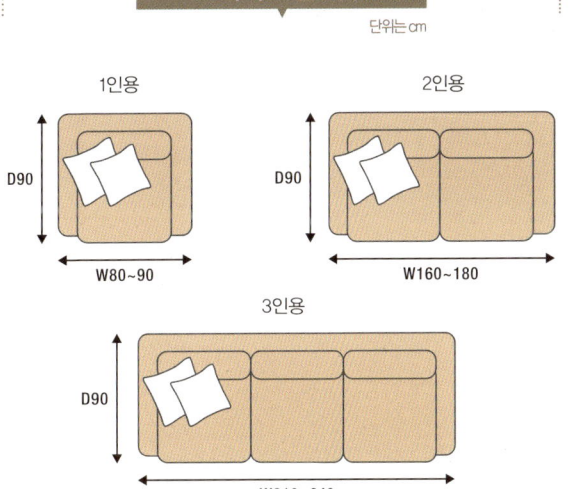

소파의 표준 치수 (단위는 cm)

치수를 확인할 때는 전체와 좌석 크기를 모두 재야 한다.
팔걸이 폭이 넓으면 좌석이 좁아지기 때문이다.
팔걸이에 음료를 올려두는 등 편리하게 사용할 수도 있다.
앉는 사람의 체형에 따라 좌석의 깊이를 조정하려면
쿠션을 이용한다.

Point 2 | 디자인과 커버

디자인도 크기에 큰 영향을 미친다
커버는 손질 방법을 확인하자

소파 등받이가 높으면 머리까지 받쳐 주어 편안하지만, 그만큼 부피가 커져서 좁은 집에서는 답답해 보일 수 있다. 다리가 긴 디자인은 바닥이 보여서 공간이 넓어 보인다.

커버 소재로는 직물이 인기 있다. 소파 전체를 직물 커버로 감싸는 타입이라면 정기적으로 친환경 방수액을 뿌려서 오염을 방지한다. 천연 가죽은 가격이 비싸지만 내구성이 높고 쓸수록 깊은 멋이 난다는 장점이 있다. 저렴하고 손질하기 쉬운 인조 가죽은 어린 아이가 있는 집에 적합하다. 일단 인조 가죽을 씌워서 쓰다가 아이가 크면 직물 소재의 커버로 바꾸어도 좋다.

Point 3 | 소재·착석감

오래 앉아 있어도 편안한지
쿠션의 탄력과 좌석 높이를 확인하자

앉을 때의 느낌을 좌우하는 시트는 스프링과 우레탄, 웨빙 테이프*를 깐 후 그 위에 쿠션을 올리는 것이 일반적이다.

쿠션의 소재는 우레탄과 폴리에스테르 솜, 새털이나 오리털 등 다양한 것이 있는데 그 밀도에 따라 내구성과 착석감, 가격대가 달라진다.

소파를 고를 때는 제대로 앉아 보고 편안한지, 쿠션이 변형되지 않는지, 쉽게 일어설 수 있는지, 허벅지 뒤쪽이 눌리지 않는지 확인한다. 시트나 등받이는 적당히 탄력이 있어서 몸을 잘 받쳐주는 것을 고르자.

가구

Item 03

침대

침대 선택의 포인트

매트리스 충전재로는 약간 딱딱한 본넬* 코일, 젤, 물, 합성수지 등이 있다. 눌러 봐서 매트리스 전체에 탄력이 있는 것, 돌아누운 후에 흔들림이 계속되지 않는 것을 고른다. 누웠을 때 허리 부분이나 몸 전체가 푹 꺼지는 것은 피한다.

헤드보드가 바닥에 수직으로 서 있어야 공간이 절약된다. 옆에 사이드테이블을 둘 수 없다면 선반을 다는 것도 좋다.

풋보드가 없으면 침대보를 교체하기 편한 반면에 이불이 흘러내리기 쉽다.

침대 받침은 격자형 깔판 등 통기성이 좋은 것을 고른다.

침대에 편하게 걸터앉으려면, 침대 높이는 매트리스까지 포함해 40~45cm가 적당하다.

침대에 다리가 달려 있으면 침대 밑을 청소하기 편하다. 청소기 헤드가 들어가는 높이인지 확인하자.

크기

Point 1 침대 프레임과 매트리스에 관한 표준 치수가 있지만 반드시 실측해야 한다

침대는 프레임과 매트리스로 구성되며 두 가지를 따로 구입할 수 있다. 프레임과 매트리스에 관한 표준 치수가 있기는 하지만, 실제 치수는 디자인에 따라 제각각으로 달라진다. 헤드보드의 유무나 디자인에 따라서도 실제 치수가 달라지므로 반드시 실측할 필요가 있다.

침대의 표준 치수

단위는 cm

	폭(W)	길이(L)
슈퍼싱글	100	200
더블	110	200
퀸	130~140	200
킹	170~180	200~210

사용감

Point 2 매트리스를 구입할 때는 실제로 누워본다

매트리스는 숙면할 수 있도록 똑바로 누운 자세를 무리 없이 유지할 수 있고, 편안하게 돌아누울 수 있는 것이어야 한다. 너무 푹신하면 몸이 푹 꺼져서 불편하고 돌아누울 때도 근육에 부담이 간다. 또 너무 딱딱하면 체중을 고루 지지하지 못해 혈액 순환이 잘 되지 않으므로 숙면하기 어렵다.

매트리스를 구입할 때는 실제로 누워서 뒹굴어보자. 한쪽이 푹 꺼진다거나 스프링이 몸에 닿는 느낌이 나는 것은 피한다. 돌아누울 때 흔들림이 지속되는 것도 좋지 않으니 확인해보자.

기타 가구의 체크포인트

Item 04 — 식기장

- 주방에서 쓸 것인가, 식당에서 쓸 것인가? 주방용에는 토스터 등 가전제품을 수납할 오픈 선반이 있으면 편리하다. 전기밥솥을 넣어 두고 쓰려면 위쪽 선반까지 어느 정도 공간의 여유가 있는 동시에, 주변부 소재가 열에 강해야 한다. 식당에서 쓸 식기장이라면 보여주는 수납과 감추는 수납 기능을 겸비한 것을 추천한다.
- 식기를 수납할 예정이라면 선반의 치수를 재서 집에 있는 그릇 중 가장 큰 것이 들어가는지 확인한다.
- 문의 경첩은 튼튼한가? 유리문이라면 강화유리가 달린 것으로 고른다.
- 서랍은 덜컹거리지 않는가? 내부에 수저트레이가 있으면 편리하다.
- 키가 큰 수납장이라면 넘어짐 방지 장치가 되어 있는지 확인한다.

Item 05 — 거실 탁자

- 상판 높이가 용도에 적합한가? 차를 마시는 등 일반적인 용도라면 33~35cm, 가벼운 식사까지 하려면 약간 높은 40~45cm가 적당하다.
- 상판이 흠집과 갈라짐에 강한 소재인가? 상판이 유리라면 안전을 위해 되도록 강화유리를 고르자.
- 모서리가 부딪혀도 다치지 않게 마감되었는가? 좁은 집이나 어린아이가 있는 집이라면 모서리가 둥근 타입이 좋다.
- 쉽게 옮길 수 있는가? 바퀴가 달려 있으면 청소하거나 위치를 바꿀 때 편리하다.
- 선반이나 서랍이 있는가? 신문, 잡지, 리모컨 등을 수납할 곳이 있어야 탁자 위를 깔끔하게 유지할 수 있다.

Item 06 — 서랍장과 옷장

- 서랍의 짜임새가 튼튼한가? 밑판과 옆판 등에 질이 떨어지는 약한 소재를 쓰지는 않았는가? 접합부가 견고한가?
- 서랍이 부드럽게 빠지고 들어가는가? 여러 번 넣었다 뺐다 하면서 확인하자.
- 서랍이 덜컹거리지 않는가? 서랍 양쪽에 틈이 있으면 벌레가 들어가거나 습기가 차기 쉽다.
- 맨 위 서랍의 내용물이 잘 들여다보이는가? 맨 위 서랍이 눈높이보다 낮은 것을 고르자.
- 옷장 문은 방의 면적에 적합한 형태인가? 문에는 여닫이문, 미닫이문, 접이문의 세 종류가 있는데, 작은 침실에는 미닫이문이나 접이문이 좋다.
- 옷장의 행거 파이프는 튼튼한가?

Item 07 — 선반장

- 선반의 깊이와 높이가 수납할 물건에 알맞은가?
- 선반은 높이를 조정할 수 있는가?
- 선반이 하중을 얼마까지 견디는가? 특히 폭이 넓은 선반은 반드시 확인해야 한다. 단, 한도 내의 중량이라도 한 곳에만 무게를 집중시켜서는 안 된다. 또한 무거운 물건은 하단에, 가벼운 물건은 상단에 수납해야 중심이 낮아져서 가구가 넘어지지 않는다.
- 키가 큰 선반장이라면 넘어짐 방지 장치가 되어 있는지 확인한다.

Item 08 — TV장

- 소파 등에 앉았을 때 화면을 편한 자세로 내려다볼 수 있는 높이인가? 대형 TV이거나, 좌식 생활을 한다면 낮은 타입을 고른다.
- AV 기기와 그 외 집기를 수납할 공간은 충분한가? 선반과 서랍 내부의 높이와 깊이를 확인한다. AV 기기를 수납할 곳에는 유리문이 달린 것이 편리하다.
- 각종 케이블을 쉽게 연결할 수 있는가? 선반과 뒷면에 배선용 구멍이 뚫려 있는가?
- TV 등을 올려놓는 상판과 내부 선반은 하중을 충분히 견딜 수 있는가?

Lesson 2
Furniture

생활하기 편리하고 아름다운 집의 골격 만들기

가구 배치의 3대 기본 규칙

요즘은 집을 지을 때 가구 배치부터 생각한다는 사람이 많아졌습니다.
그만큼 가구 배치는 생활 편의성과 인테리어의 아름다움을 좌우하는 중요한 요소입니다.

Rule 1 생활 패턴을 고려한 동선 계획과 배치부터 시작한다

가구 배치의 기본은 '동선 계획'과 '가구 배치'다. 집 안에서는 상을 차리며 주방과 식당을 오가고, 빨래를 널기 위해 세탁실과 베란다를 오가는 등 생활에 필요한 움직임이 끊임없이 이루어진다. 이 움직임이 효율적으로 이루어지도록 집을 설계하는 것을 동선 계획이라고 한다. 만약 가구 때문에 사람의 움직임이 막혀 멀리 돌아가거나 옆 걸음을 하게 된다면 스트레스를 받을 수밖에 없다. 좁은 집이라면 소파를 놓지 않고 식탁 의자를 소파 겸용으로 쓰는 등 가구를 최대한 줄일 필요도 있다.

가구를 둔다는 것은 사람이 지내는 공간을 만든다는 뜻이기도 하다. 소파 옆에 찻잔이나 안경을 올려놓을 작은 테이블을 두고, 쉽게 상을 차릴 수 있도록 식탁 옆에 식기장을 두는 등 그 공간에서 생활하는 사람이 편하게 머물 수 있도록 가구를 배치하자.

가구 배치의 기본은 '동선 계획'

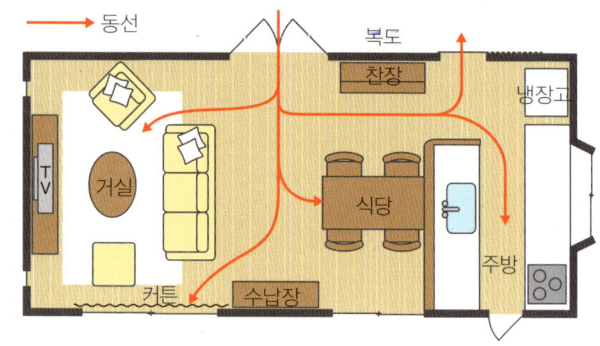

사람이 지나갈 때 필요한 공간
단위는 cm

양쪽의 낮은 가구 사이
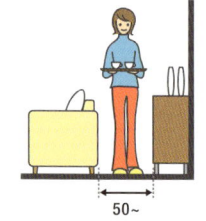
50~
양쪽에 낮은 가구를 둔 경우 상반신의 움직임이 자유로우므로 통로의 폭은 50cm 이상만 확보하면 된다.

낮은 가구와 벽 사이

60~
한쪽이 벽 또는 키가 큰 가구이고 맞은편에 낮은 가구를 놓는 경우, 통로의 폭은 최소한 60cm 정도여야 한다.

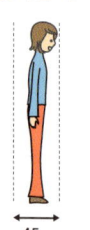

옆으로 통과할 때	정면을 보고 통과할 때	두 사람이 마주 보고 지나갈 때
45~	55~60	110~120

동선을 정하며 통로의 폭을 충분히 확보하는 것은 생활 편의성과 직결되는 문제다. 참고로 자주 지나다니는 곳이나 사람이 많이 모이는 곳, 대가족이 사는 집은 폭이 조금 더 넓어야 한다.

Rule 2 가구를 사용할 때 필요한 '동작 공간'

동작 공간이란 사람이 어떤 동작을 할 때 필요한 공간을 말한다. 예를 들어 서랍을 열거나 의자를 뒤로 빼거나 소파에 발을 뻗고 앉거나 침대 시트를 교체하는 등 가구 주변에는 그 가구를 쓰기 위한 공간이 필요하다. 가구 치수만 보고 구입할지 말지를 판단하면 집 안에 사람이 지나다닐 통로가 없어지거나 서랍과 문을 열지 못하는 문제가 생길 수 있다. 특히 서랍은 깊이에 따라 동작 공간의 크기가 달라지므로 주의한다. 또 놓치기 쉬운 것이 창 주변이다. 창의 개폐를 위한 공간도 필요하지만, 커튼도 예상외로 많은 공간을 차지하므로 여분의 공간을 두고 가구를 배치할 필요가 있다.

▲ 창 주변의 동작 공간에도 신경을 쓴다
창 주변 장식에도 동작 공간이 필요하다. 특히 커튼은 천의 두께나 주름의 볼륨에 따라 20cm 전후의 공간을 차지할 수 있다.

가구의 치수와 동작 공간 (단위는 cm)

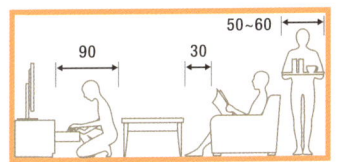

일반적으로 서랍을 열 때는 90cm, 소파와 커피 테이블 사이는 30cm, 사람이 지나다닐 때는 최소한 50cm의 여유 공간이 필요하다. 하지만 실제 통로는 쟁반이나 빨래를 들고 지나갈 때를 고려해 90cm 정도가 적당하다.

Rule 3 좌우 대칭, 비대칭을 의식해 가지런히 배치한다

가구 배치는 집의 골격을 만드는 일과도 같다. 골격이 깔끔해야 집이 깔끔해 보이며, 가구 배치의 기본은 '좌우 대칭'과 '좌우 비대칭'이다. 이 두 가지의 특징을 이해하고 가구를 배치해보자.

다양한 가구를 아무렇게나 두면 집이 어수선해진다. 가상의 축을 설정해서 그것을 기준으로 가구를 배치하면 깔끔하게 정돈될 것이다.

▲ 창을 중심으로 소파와 조명을 가지런히 배치
창의 중심선에 소파의 중심, 커피 테이블 대용인 서랍장의 중심을 맞춘 깔끔한 배치. 조명도 중심선에 맞추었다.

▲ 일본식 공간에 많이 쓰이는 비대칭은 여백을 강조하는 방식
좌우 비대칭은 일본식 공간에 많이 쓰인다. 물건을 줄여 단정하게 연출함으로써 여백의 미를 살리는 방식이다.

▲ 서구 인테리어의 기본인 좌우 대칭은 안정감을 강조하는 방식
좌우 대칭은 서구 인테리어의 기본. 비대칭 배치보다 많은 물건을 둘 수 있다.

깔끔한 가구 배열법

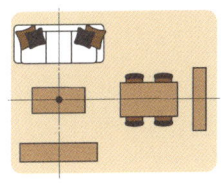

가구를 여러 개 배열할 때, 기준선을 정해서 가구의 중심 또는 끝선을 그 선에 다른 가구를 가지런히 맞추면 단정해 보인다. 기준선을 벽이나 창의 중심 등에 맞추면 더욱 보기 좋다.

Lesson 3
Furniture

편리한 생활은 방의 용도별 가구 배치에서 시작된다

가구 배치의 기본 포인트

가구를 잘 배치하면 생활이 더욱 편리해집니다.
여기서는 각 방의 목적에 적합한 가구 배치의 기본을 소개합니다.

Room 01
거실과 식당

Point 1 움직임에 필요한 공간을 확보하고, 가족의 수만큼 의자를 둔다

거실과 식당은 쉬거나 식사를 하는 집 안에서 가장 다양한 일을 하는 곳이다. 그래서 필요한 가구와 물건도 많고 사람의 움직임도 복잡하다. 그러므로 거실과 식당에서 가족이 어떻게 시간을 보내는지 생각해 보고, 동작과 동선에 필요한 공간이 충분히 확보되도록 가구를 배치하자.
또 거실과 식당의 가구 배치에서 가장 중요한 것은 인원수만큼의 의자를 만드는 일이다. 큰 소파를 두지 않아도 괜찮으니 1인용 소파나 스툴, 오토만 등을 조합해 인원수만큼의 자리를 만들자.

▲ **소파와 의자를 조합해 가족이 모두 앉을 수 있도록 한다**
거실에서 가족이 편히 쉬려면 모두 앉을 곳을 마련하는 것이 가장 중요하다. 소파와 함께 부부가 각자 좋아하는 의자를 두어 가족 공간으로 꾸민 거실.

Living space

거실 가구에 필요한 공간
단위는 cm

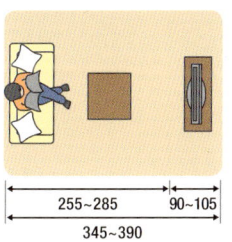

I형
2인용 또는 3인용 소파만 배치하는 방식. 두 사람이 앉으면 몸이 밀착되므로 편안한 친밀감이 생긴다. 혼자 살거나 부부만 사는 집의 사적인 휴식 공간에 적합하다.

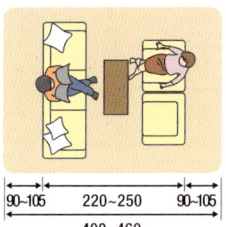

대면형
상대를 마주 보고 떨어져 앉는 방식. 면접하듯 얼굴을 보며 이야기하는 긴장감이 있어서 응접실에 적합한 배치. 3인용을 벽에 붙이고 1인용을 스툴처럼 사용하면 면적을 많이 차지하지 않는다.

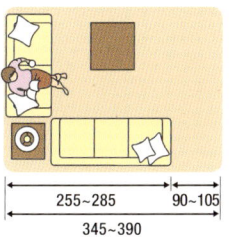

L형
정면으로 마주 보지 않으면서 거리는 적당히 가까운 배치. 친밀감과 독립성을 동시에 확보할 수 있다. 코너를 벽에 붙이면 시선이 확장되어 개방감도 느껴진다. ㄷ자 배치와 비슷하지만 마주 보고 앉지 않고 비스듬히 옆으로 앉게 되므로 대화하기는 더 편하다.

소파와 테이블 사이에 필요한 공간
단위는 cm

캐주얼 스타일의 소파
좌석이 낮아서 앉았을 때 편안한 캐주얼 소파. 테이블과 소파 사이에 다리를 앞으로 뻗을 수 있는 공간이 필요하다.

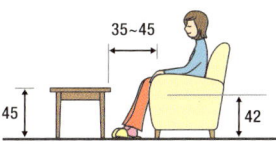

포멀 스타일의 소파
정자세로 앉는 포멀 소파. 테이블과 소파의 간격이 약간 좁아도 괜찮다. 테이블 높이는 45cm 정도로 높아야 편하다.

Dining space

식당 가구에 필요한 공간
단위는 cm

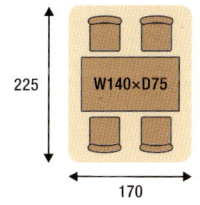

4인용 식탁(직사각형)
4인용 식탁 세트를 두려면 약 3.8㎡가 필요하다. 좁은 집에서는 한쪽을 벽에 붙이면 공간을 절약할 수 있다. 팔걸이의자는 자리를 많이 차지하므로 좁은 집에는 팔걸이가 없는 의자를 추천한다.

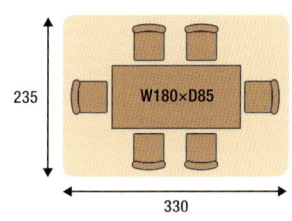

6인용 식탁(직사각형)
격식을 차리려면 식탁의 짧은 면에 팔걸이의자를 두고 아버지 전용으로 써도 좋다. 좁은 집이나 사람이 많이 모이는 집이라면 벤치 형식의 의자를 활용해보자. 공간도 절약되고 수용 인원에도 융통성이 생길 것이다.

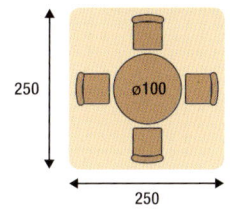

4인용 식탁(원형)
원형은 직사각형보다 자리를 많이 차지하지만, 자연스러운 자세로 옆 사람과 대화할 수 있는 것이 장점이다. 다리가 중앙에 달린 타입은 더 많은 사람이 앉을 수 있어서 자리를 좁혀 한 사람쯤 더 앉을 수 있다.

식탁 주변에 필요한 공간
단위는 cm

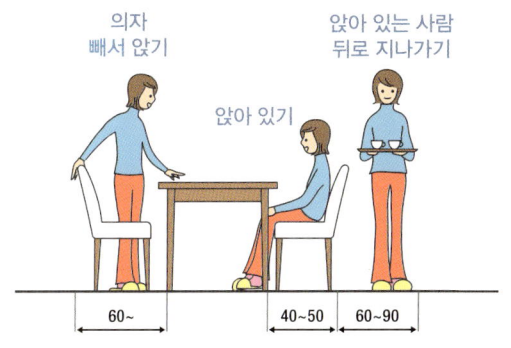

식탁에서 앉았다 일어섰다 하려면 약 60cm가 필요하다. 앉아 있는 사람의 뒤로 다른 사람이 지나갈 수 있으려면 테이블에서 1m 이상의 공간이 있어야 한다. 이와 같은 최소한의 공간을 확보해야 생활이 불편하지 않다.

Point 2 소파의 방향을 움직여 시야를 조절한다

소파의 방향에 따라 앉은 사람의 시선을 조절할 수 있으니 거실과 식당, 주방이 하나로 이어진 집이라면 생활 방식에 맞게 방향을 조정해보자.

어린 아이가 있는 집이라면 주방에서 거실을 볼 수 있도록 소파를 주방 쪽으로 돌려놓고 (시선 오픈형), 손님이 많거나 가족이 바쁘게 오가는 집에서는 소파가 주방을 등지는 것이 좋다(시선 분리형). 절충형은 두 방식의 좋은 점을 더한 방식이다.

▲ **주방과 거실이 하나의 공간으로 된 시선 오픈형 소파 배치**
주방에서 거실에 있는 가족의 모습을 잘 볼 수 있는 소파 배치. 오픈된 아일랜드 주방에서 가족과 손님이 함께 요리할 수 있어 친구들이 자주 오는 집에 좋다.

▲ **거실을 독립적인 공간으로 만드는 시선 분리형 소파 배치**
소파가 식당과 주방을 등진 배치. 원룸이지만 소파에 앉으면 독립된 공간에 있는 듯 차분한 느낌이 든다. 하다 만 집안일이나 일용품도 신경 쓰이지 않게 된다.

Point 3 소파 방향을 움직여 확장감과 개방감을 확보한다

실제 집에서 생활할 때는 소파에 앉았을 때 무엇을 볼 수 있을지가 매우 중요하다. 시선은 집의 쾌적함과 확장감을 좌우한다. 그러므로 소파의 위치와 방향, 소파에 앉았을 때 보이는 것, 보고 싶은 것이 무엇인지 생각해보자. 집이 넓어 보이려면 소파를 구석에 붙여서 시선을 넓히자. 시선이 닿는 마지막 지점에 예술품이나 장식품 등 눈길을 끄는 물건을 놓아두면 시선이 더 멀리 연장된다. 집이 좁을 때는 소파를 창 쪽으로 돌려놓는 것도 한 방법이다. 그러면 시선이 야외로 빠져 나가 개방감과 쾌적함을 느낄 수 있다.

▲ **소파가 안뜰을 바라보도록 해 개방감을 확보한다**
안뜰과 접해 있는 큰 창을 열면 거실과 뜰이 하나로 이어진다. 소파에 앉으면 안뜰 너머 차고에 있는 차까지 보여 시선이 넓어져 확장감을 만끽할 수 있다.

소파의 방향에 따른 시선의 확장

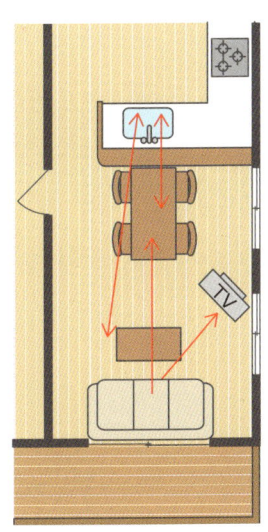

시선 오픈형
소파를 주방 쪽을 향하도록 놓으면 주방과 거실 사이에 시선과 대화가 자연스럽게 오가게 된다. 조리하면서 아이가 노는 모습을 지켜볼 수 있으므로 육아 중인 부모에게도 좋다. 단, 소파에서 식당과 주방이 보이므로 손님에게 어수선한 인상을 줄 수 있다.

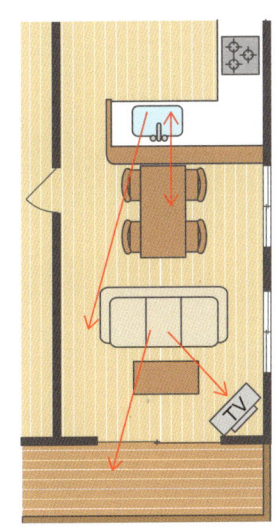

시선 분리형
주방에서는 거실과 식당을 볼 수 있지만 소파에서는 주방과 식당을 볼 수 없다. 따라서 개방된 공간이지만 주방에서는 식당과 거실의 시선을 신경 쓰지 않아도 된다. 손님이 많은 집이나 데크 등 야외를 감상하고 싶은 집에 추천한다.

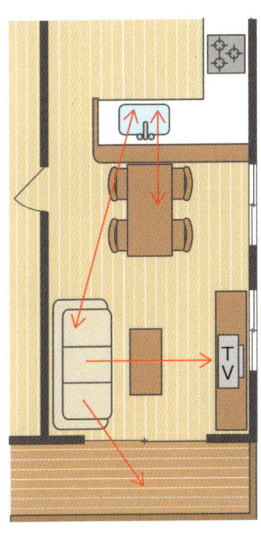

절충형
시선 오픈형과 시선 분리형의 절충 방식. 소파에 앉아 정면을 보면 식당에 크게 신경 쓰지 않으면서 동시에 주방을 볼 수도 있다. 소파를 벽에 붙여서 공간 활용도 뛰어나고, 시선이 데크나 정원에도 도달하므로 확장감과 개방감을 느낄 수도 있다.

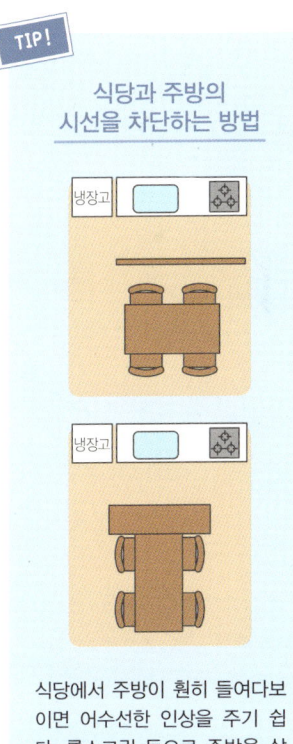

TIP! 식당과 주방의 시선을 차단하는 방법

식당에서 주방이 훤히 들여다보이면 어수선한 인상을 주기 쉽다. 롤스크린 등으로 주방을 살짝 가리거나(위 그림) 카운터를 세운 후 식탁을 주방에 직각으로 놓으면(아래 그림) 시선이 직접적으로 닿지 않게 된다.

Point 4   거실을 차분한 휴식 공간으로 만들고 싶을 때의 인테리어

가족끼리 단란하게, 친구들끼리 편안하게 이야기를 즐길 만한 차분한 거실을 갖고 싶다면, 사람의 이동이 없으면서 적당히 막힌 공간, 즉 머물고 싶은 공간을 만드는 것이 중요하다.

이때는 소파에 둘러싸인 공간이 원형에 가까울수록 더욱 친밀한 분위기가 난다. 거기에 러그 등 깔개를 깔면 더욱 '머물고 싶은' 공간으로 만들 수 있다.

막힌 공간까지는 아니더라도, 최소한 앉아 있는 사람의 눈앞에 다른 사람이 지나다니지 않도록 거실 가구를 배치하자.

▲ **시선이 한 곳으로 모이면 일체감과 친밀감이 커진다**

TV를 둘러싸듯 소파를 배치하고 바닥에 러그를 깔아서 머물고 싶은 공간으로 꾸민 거실. 가구 배치가 원형에 가까울수록 모닥불을 둘러싸고 이야기하는 듯한 친밀한 분위기가 만들어진다.

▲ **낮은 가구로 거실과 통로를 구분한다**

소파가 통로를 등지도록 배치하고 낮은 서랍장으로 공간을 구분해 거실에서의 휴식을 방해하지 않도록 했다. 통로 공간과 거실을 교묘하게 분리한 배치.

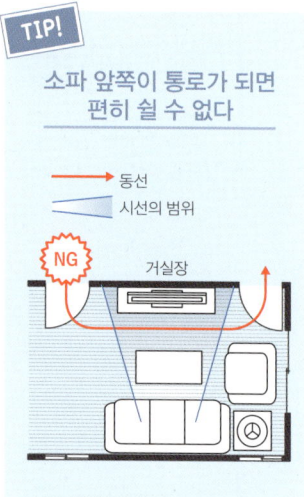

TIP!
소파 앞쪽이 통로가 되면 편히 쉴 수 없다

→ 동선
◁ 시선의 범위

눈앞으로 사람이 지나갈 때마다 스트레스를 받는 거실

소파에 앉은 사람의 눈앞, 그것도 TV 바로 앞에 통로가 생기면 신경이 쓰여서 편히 쉴 수 없다. 즉 거실에서 휴식을 취할 때 오히려 스트레스를 받게 된다.

Point 5 포컬 포인트를 만들어
변화가 느껴지는 멋진 인테리어

거실과 식당에 반드시 필요한 것이 '포컬 포인트 Focal Point'이다. 포컬 포인트란 집에 들어온 순간 자연스럽게 시선이 머무는 '장식 코너'를 말하며, 그림이나 장식품, 아름다운 가구 등으로 만들 수 있다.
포컬 포인트를 만드는 요령 중 가장 중요한 것은 포컬 포인트 공간 외에는 모두 깔끔하게 정돈하는 것이다. 집을 모조리 장식하면 어디가 포인트인지 모르게 되어 집이 어수선해지고 만다. 플로어 조명이나 벽면 조명으로 장식 공간을 비추면 그곳만 강조되어 더욱 인상적인 코너를 만들 수 있다.

▲ **잡화를 장식한 선반이 포컬 포인트**
애플그린색으로 페인트칠한 식당 벽에 선반을 설치하고 마음에 드는 잡화를 전시했다. 깔끔한 벽면을 배경으로 선반이 유달리 돋보여서 집주인이 무엇을 보여 주고 싶어 하는지 금세 알아차리게 된다.

포컬 포인트

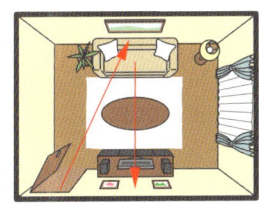

자연스럽게 눈길이 머무는 '주시점'을 말한다. 문을 열었을 때 정면에 보이는 벽 또는 소파에 앉았을 때 눈에 들어오는 벽에 포컬 포인트를 만들면 인테리어 효과가 있다.

▲ **그림과 책장이 있는 벽면을 포컬 포인트로 활용**
중심에 그림을, 양쪽에 책장을 대칭으로 배치해 벽면 전체를 포컬 포인트로 만들었다. 인접한 창과 벽은 깔끔하게 처리해 정면의 벽이 더욱 돋보이게 했다.

▲ **고재 소나무 가구를 포컬 포인트로 활용**
테이블 너머로 보이는 고재 소나무 찬장이 눈길을 끄는 식당. 포컬 포인트를 집 가장 안쪽에 만들면 시선이 멀리까지 닿아서 집이 넓어 보인다.

▶ **싱글 침대 2대를 나란히 놓아 침대보 교체 공간 확보**

싱글 침대 2대를 나란히 놓고 양쪽에 사이드테이블과 조명을 배치한 침실. 침대보를 교체할 때 필요한 공간도 확보되어 있다.

Room 02
침실

 Point 1 문을 열고 닫을 때나 침대보를 바꿀 때, 필요한 공간 확보

침실에서는 잠도 자고 옷도 갈아입고 화장도 하므로 침대뿐 아니라 수납가구와 화장대 등도 필요하다.

침실의 통로 폭은 최소한이어도 괜찮지만, 침대 옆에는 침대보를 교체할 공간이 있어야 하고 테이블램프나 안경, 시계 등을 놓을 사이드테이블이 있어야 한다. 침대와 여닫이문이 달린 옷장 사이에는 90cm 정도의 동작 공간이 필요하지만, 미닫이문이나 접이문이라면 50~60cm로도 충분하다.

침대 주변에 필요한 공간
단위는 cm

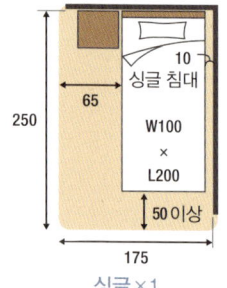

싱글×1

침대를 벽에 딱 붙이면 침대와 벽 사이로 이불자락을 내릴 수 없어서 이불이 반대쪽으로 흘러내리기 쉽다. 이불의 두께를 고려해 침대는 벽에서 10cm 정도 떼어 놓는 것이 좋다.

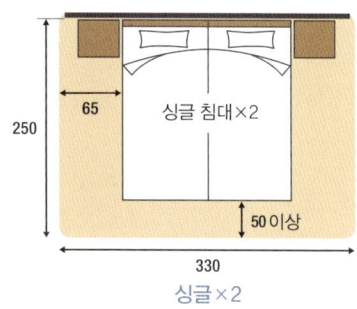

싱글×2

싱글 침대 2개를 붙여 놓으면 서로의 뒤척임이 느껴지지 않아 편히 잘 수 있다. 그중 한 개를 벽에 붙이면 침대보를 교체하기 어렵다.

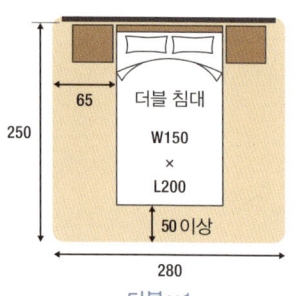

더블×1

더블 침대는 방 면적이 7.4㎡ 이상만 되면 놓을 수 있으니 좁은 침실에 적합하다. 단, 방문을 열고 닫을 때마다 문이 침대에 부딪힐 수 있으니 주의하자.

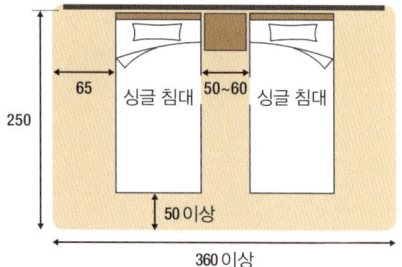

싱글×2

싱글 침대 2개를 따로 놓으려면 약 9.9㎡가 필요하다. 추가로 옷장이나 화장대를 두려면 13.2㎡ 이상이 되어야 답답하지 않다.

침실 배치의 예

단위는 cm

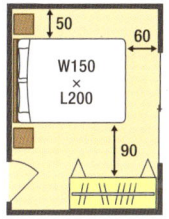

9.9㎡의 침실 ①

더블 침대를 놓으면 침대 주변의 세 방향에 사람이 다닐 공간을 확보할 수 있고, 침대보 교체도 편하다.

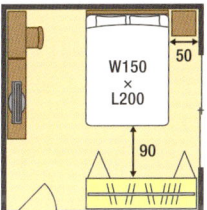

13.2㎡의 침실 ①

더블 침대 하나를 놓으면 책상이나 화장대를 추가할 수 있다. 서랍장이나 TV 등도 둘 수 있다.

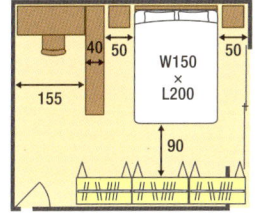

16.5㎡의 침실 ①

칸막이로 쓸 가구는 침대 반대편 책상이 있는 쪽의 통풍과 채광을 방해할 정도로 높으면 안된다. 동시에 책상 쪽의 조명이 다른 사람의 수면을 방해하지 않도록 주의한다.

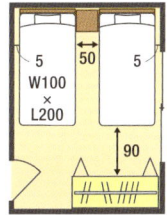

9.9㎡의 침실 ②

싱글 침대 2개를 배치할 때는 침대와 벽 사이를 5cm 정도밖에 띄울 수 없다. 침대 하나를 폭이 조금 좁은 것으로 고르는 것도 방법이다.

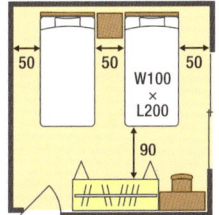

13.2㎡의 침실 ②

싱글 침대 2개를 분리해 놓은 기본 배치. 옷장 옆에 책상이나 화장대를 놓을 수는 있으나 책상의 조명에는 고민이 필요하다.

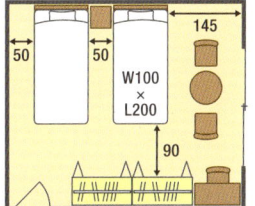

16.5㎡의 침실 ②

싱글 침대 2대를 분리해 놓고도 작은 테이블과 의자 등이 있는 부부 전용 거실을 만들 수 있다.

Point 2 침대 헤드월을 꾸며 더욱 기능적이고 아름다운 침실

서구에서는 베드 헤드월(침대 머리맡 벽)이라고 해서 침대의 머리 쪽을 벽에 붙이는 배치가 기본이다. 침대를 외부 기온의 영향을 잘 받는 창에서 멀리 떨어뜨려 더위와 추위를 피할 뿐만 아니라 심리적인 안정감을 얻기 위해서이다. 또, 헤드월은 침실의 포컬 포인트로서 그림이나 직물로 꾸미는 것이 일반적이다.

침실의 쾌적함은 집의 쾌적함으로도 이어진다. 수면뿐만 아니라 독서나 음악을 즐길 수 있도록 의자나 작은 테이블을 함께 배치해 풍성한 인테리어 공간을 만들어보자.

▲ 색상이 마음에 드는 포스터가 포컬 포인트로 걸려 있다
침대 머리를 벽에 붙여 편안하게 연출한 침실. 헤드월에 걸린 포스터 액자가 포컬 포인트다.

▶ 낮은 수납장과 오픈 선반을 활용해
아이 스스로 정리할 수 있도록 한다

나중에 방을 두 개로 나누어 쓸 예정이라 문을 두 개 만든 아이 방. 아이가 아직 어려서 놀이방으로 넓게 쓰고 있다. 스스로 장난감을 넣고 뺄 수 있는 낮은 수납장을 여유 있게 배치했다.

Room 03 아이 방

아이가 스스로 방을 정돈할 수 있도록 배치한다

아이 방의 가구는 아이의 성장에 따라 바뀌어야 한다. 어릴 때는 옷과 장난감 수납장 정도만 있으면 되지만 학령기에는 옷과 스포츠용품 등을 수납해야 해서 수납장 크기도 점점 커져야 하고 책장과 책상도 필요하다. 따라서 때에 맞게 변경하고 추가할 수 있는 가구를 선택해 아이의 성장에 따라 배치를 쉽게 바꿀 수 있도록 하자.

또한 아이 방은 스스로 옷을 갈아입거나 청소할 수 있게 만드는 자립 훈련의 장이기도 하다. 아이가 쓰기에 편한 수납장과 스스로 정돈하기 쉬운 침대 배치를 궁리하자. 면적이 한정된 아이 방에서는 가구가 몇 밀리미터만 커도 문이 열리지 않을 수 있으니, 벽에서 반대편 벽까지의 정확한 거리와 가구의 치수를 측정해 충분한 공간을 확보할 필요가 있다.

가구와 가구 사이에 필요한 공간
단위는 cm

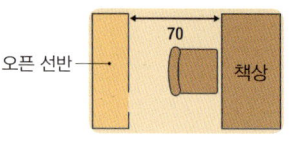

책상과 오픈 선반의 간격이 70cm 정도라면 책상 앞에 앉아서 바로 책을 꺼낼 수 있다.

책상과 침대의 간격이 110cm가 되면 한 사람이 앉아 있어도 다른 사람이 뒤를 지나갈 수 있다. 다른 사람이 지나가지 않을 경우는 70cm면 충분하다.

서랍장은 서랍을 빼는 공간과 사람이 허리를 굽힐 공간이 필요하므로 여유 공간이 75cm는 되어야 한다. 간격이 너무 좁으면 물건을 넣고 빼기 어렵다.

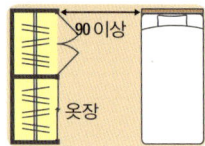

폭 90cm에 여닫이문 2장이 달린 옷장이라면 침대와의 간격은 90cm 이상이 되어야 한다. 미닫이나 접이문 옷장이라면 50~60cm로도 충분하다.

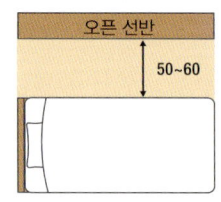

침대와 오픈 선반의 간격은 50~60cm면 된다. 깊이는 얇고 키가 큰 가구는 넘어지지 않도록 고정한다.

아이 방 배치의 예
단위는 cm

9.9㎡의 아이 방

책상은 침대를 등지도록 배치해야 공부에 집중할 수 있다. 글씨를 쓸 때 손이 그늘을 만들지 않도록 주로 쓰는 손의 반대쪽에 창문이 있도록 책상을 배치하는 것이 좋다.

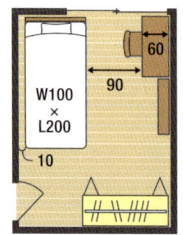

7.4㎡의 아이 방

침대, 책상, 수납장을 둘 수 있는 면적. 책상과 수납장이 포함된 다락 침대*를 선택해도 좋다. 수납장을 다른 곳에 둘 수 있다면 아이 방의 면적은 5㎡라도 괜찮다.

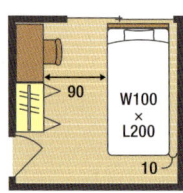

성장에 따른 19.8㎡의 아이 방 배치 예시

단위는 cm

유아기

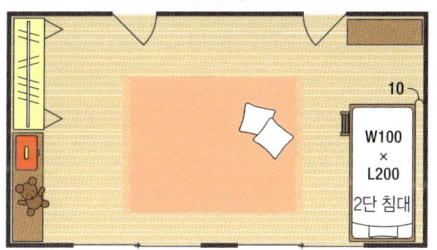

공부는 식탁에서 할 때가 많아서 책상은 두지 않고 방 한가운데에 놀이 공간을 넓게 꾸몄다.

초등학생

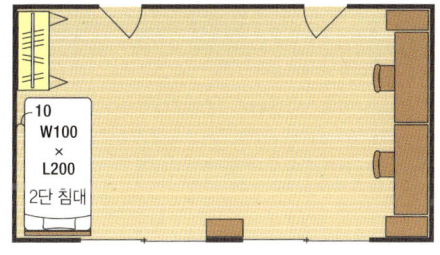

책상을 한쪽 벽에 나란히 붙여 놓았지만, 두 책상 사이에 롤스크린이나 책장을 배치하면 독립성이 보장된다.

중학생(이성 2명일 경우)

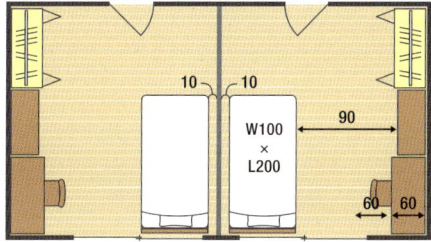

독립된 방이 필요하다. 나중에 방을 2개로 나누려면 처음부터 문과 창, 콘센트 등의 위치를 잘 설계한다.

중학생(동성 2명일 경우)

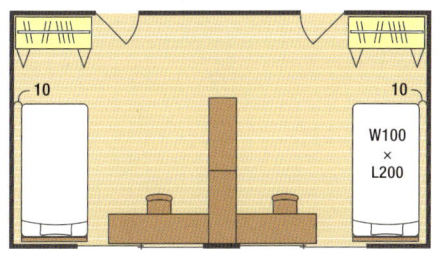

중학생 때까지는 완전히 분리하지 않고 의자에 앉았을 때만 옆이 보이지 않도록 낮은 책장 등을 배치하는 것도 좋다.

Point 2 유아기, 학령기, 사춘기 등 성장 시기에 따른 가구 배치

두 명의 자녀가 있는 집에서는 대개 초등학교 저학년 정도까지는 같은 방을 쓰게 한다. 그래서 자녀가 어릴 때 집을 새로 지을 경우, 아이 방을 크게 만들어서 나중에 두 개로 나눌 수 있도록 설계하는 것도 방법이 될 수 있다. 이런 구조는 성장 시기에 따라 가구 배치를 바꿀 때도 편리하다. 유아기에는 마음껏 놀 수 있도록 가구를 최소한으로 하고, 모두 벽에 붙여 배치한다. 사춘기가 되면 수납 가구를 가운데 놓아 공간을 구분하거나 벽을 새로 세워서 방을 두 개로 나누어, 아이가 공부에 전념할 수 있는 환경을 만들어 주자.

▲ 2단 침대와 책상 두 개를 나란히 놓은 학생 때의 배치

사이좋은 형제의 방은 목제 블라인드와 목제 가구로 내추럴하게 연출했다. 아이들이 더 크면 방 한가운데에 칸막이 역할을 하는 가구를 놓아 분리할 예정이다.

미리 알아 두어야 할 가구의 소재별 특징과 손질 방법

가구를 잘 관리하는 방법

Lesson 4
Furniture

어떤 소재든 장점과 단점이 있기 마련이죠.
소재의 특징과 손질 방법을 파악해 생활에 적합한 가구를 선택해보세요.

Item 01

목제 가구

소재

일반적인 목제 가구의 재료는 원목재와 가공목재다. 원목재란 표면에 가공목재를 붙이지 않은 순수한 목재를 말한다. 휘거나 갈라지지 않도록 잘 건조한 목재가 주로 사용되며 가격이 비싼 편이라 평생 간직할 가구로 적합하다.

가공목재란 기본재인 합판이나 MDF*, 파티클보드*의 표면에 천연목 시트나 나뭇결을 프린트한 종이 또는 합성수지 등 마감재를 붙인 것을 말한다. 흠집이 나면 기본재인 합판이 드러난다.

목재의 구조

● **원목재와 무늬목**
원목재는 순수 목재이므로 단면에 나이테가 보인다. 무늬목은 원목재를 얇게 잘라낸 시트 모양의 판으로, 가구나 창호에는 대개 0.2~1mm 두께의 시트가 쓰인다. 이것을 합판이나 MDF 등 기본재에 접착하면 미장합판이 된다.

● **합판의 구조**
얇은 목재 여러 장을 결이 엇갈리게 겹쳐서 접착제로 붙인 것이다. 베니어합판 또는 플라이우드라고도 한다.

● **집성재의 구조**
블록 모양의 목재를 결이 평행하게 접착제로 붙인 것으로 비교적 가격이 합리적이고 강도가 균일하다.

가구를 만드는 나무의 종류

● **소나무**
소나뭇과의 상록 침엽 교목. 목질이 부드러워서 가공하기 쉽다. 나뭇결에 옹이가 많아 컨트리풍 가구에 많이 쓰인다.

● **호두나무**
가래나뭇과의 낙엽교목. 블랙월넛이라고도 한다. 목질이 단단하고 잘 뒤틀리지 않아 고급 가구에 쓰인다.

● **벚나무**
장미과의 낙엽교목. 아메리칸 블랙체리라고도 한다. 주로 적갈색이며 목질은 치밀하고 부드러운 편이다.

● **단풍나무**
단풍나뭇과의 낙엽 활엽 교목으로 가구를 만들 때는 주로 목질이 단단한 사탕단풍나무가 쓰인다. 목질은 치밀하고 아름다우며 밝은색이다.

● **떡갈나무, 졸참나무**
참나뭇과의 낙엽교목. 흰색 또는 불그스름한 색으로, 목질이 단단해 내구성이 있다. 곧은 나뭇결에 황갈색 얼룩무늬가 있다.

● **미국물푸레**
물푸레나뭇과의 낙엽교목. 속재목은 흰빛을 띠고 겉재목은 연한 잿빛이다. 가공성이 좋고 내구성도 뛰어나다.

● **티크**
마편초과의 낙엽교목. 목질은 단단하며 목재의 부식에 강하고, 내구성이 있어 고급 가구에 쓰인다.

마감과 손질 방법

목제 가구의 마감 중 가장 일반적인 것이 표면에 얇은 수지막을 입혀서 오염과 흠집을 방지하는 우레탄 도장이다. 우레탄 도장은 도장 위에 다시 도장할 수 없어 흠집이 생기면 일단 도장을 벗겨 내고 새로 도장해야 한다. 수지는 열에 약해서 뜨거운 컵이나 냄비를 올려놓아서 생긴 변색은 복구할 수 없으므로 반드시 냄비 받침이나 두꺼운 천 등에 받쳐야 한다. 손질할 때는 묽게 희석한 중성세제 용액을 바른 후 조직이 촘촘한 천에 물을 묻혀서 닦고, 마지막으로 마른 천으로 닦아낸다.

원목 가구에 하는 오일 마감이나 왁스 마감 등은 막을 형성하지 않아 나무의 호흡을 차단하지 않는다. 또한 오일과 왁스가 적당한 방수 효과를 발휘해 오염이 스며드는 것을 방지한다. 손질은 오일이 침투해 안정된 후에는 마른걸레질만으로도 충분하며, 치밀한 천에 물을 묻혀 닦아도 된다. 그리고 1년에 한 번 정도 오일을 발라 사포질한다. 어떤 마감이든 부드러운 천으로 먼지를 털어내고 마른걸레질을 하는 것이 기본이다. 또 음료 등을 흘렸다면 바로 닦아내야 한다.

마감별 특징과 손질 방법

우레탄 도장

- 특징
목제 가구에 가장 많이 하는 마감법. 표면에 단단한 도막을 형성하므로 습기·오염에 강하다. 일상적인 사용 시에는 매우 좋지만 흠집, 마모, 박리 등이 생겼을 경우 직접 수리할 수 없다.

- 손질 방법
깨끗한 천으로 마른걸레질한다. 잘 지워지지 않는 오염에는 물걸레를 잠깐 사용해도 괜찮지만, 젖은 채로 방치하면 물때 등의 원인이 되므로 바로 물기를 닦아낸다.

오일 마감

- 특징
기름을 나무에 발라 스며들게 하는 마감법. 기름이 나무의 물관에 침투해 습도 변화나 오염 등에서 목재를 보호한다. 직접 기름을 발라 관리하면 목재에서 더 깊은 멋이 우러난다.

- 손질 방법
일상적인 손질은 마른걸레질 또는 물걸레질. 1년에 한 번은 기름을 바르고 사포질한다.

왁스 마감

- 특징
왁스를 이용한 마감법으로, 표면에 아주 얇은 막을 입혀서 나무를 보호한다. 오일을 침투시킨 후에 왁스로 마감하는 방법도 있다.

- 손질 방법
일상적인 손질은 마른걸레질로 한다. 막이 형성되어 수분 등은 어느 정도 튕겨 내지만, 그외의 물질은 바로 닦아내야 한다. 한 달에 한 번은 왁스를 다시 칠해야 한다.

원목에 많이 쓰이는 오일 마감의 손질 방법

준비물

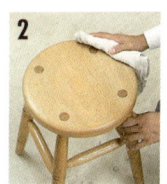

목재용 오일 / 깨끗한 천 여러 장

1. 천으로 의자를 닦은 다음 오일을 준비한다.
약간 축축한 천으로 나뭇결을 따라 닦아 내자마자 마른 천으로 닦는다. 다음 처음에 마감한 것과 동일한 목재용 오일을 부드러운 천에 묻혀 준비한다.

2. 오일을 얇게 발라 마감한다.
천에 스며든 오일을 나뭇결을 따라 얼룩이 생기지 않도록 전체적으로 얇게 펴 바른다. 마르면 다른 깨끗한 천으로 닦는다. 이 손질 작업을 1년에 한 번씩 한다.

움푹 팬 곳, 둥근 얼룩 손질 방법

팬 자리에 적신 종이 타월을 하룻밤 정도 올려 둔 다음 자국 위에 다리미를 20초 간격으로 2~3회 누른다. 그러면 뜨거운 증기가 나무의 섬유를 들어 올려 자국이 사라진다. 오일 마감이나 왁스 마감 위에 둥근 얼룩이 생겼을 때는 고운 사포로 문지른 후 오일이나 왁스를 다시 발라준다.

주의할 점

목제 가구는 열에 약하므로 난방기의 뜨거운 바람이 직접 닿는 곳에 두지 않도록 하고, 자외선 때문에 도장이 변색될 수 있으니 직사광선이 닿는 곳도 피한다. 비닐로 된 테이블보는 원목의 호흡을 방해하거나 우레탄 도장과 반응해 들러붙을 수 있으므로 주의해야 한다.

Item 02
직물

소재

소파와 의자의 커버는 하중과 마찰을 견뎌야 하므로 주로 두껍고 튼튼한 천이 쓰이는데, 백 코팅(뒷면 코팅)이 되어 있는 제품도 있다. 천연섬유와 화학섬유, 날실과 씨실에 서로 다른 섬유를 사용한 교직물도 쓰인다.

손질 방법

어떤 섬유든 기본적으로는 의류 브러시로 먼지를 털거나 청소기로 올과 올 사이에 낀 이물질을 제거한다. 쿠션을 분리할 수 있다면 분리해서 브러시나 청소기로 청소하자. 음식물 얼룩이나 손때가 거슬린다면 조직이 치밀한 천에 따뜻한 물을 적셔서 두드리듯이 닦아낸다.

직물 제품을 손질하는 법

보통은 청소기나 먼지떨이로 먼지를 제거한다. 얼룩은 생기자마자 의류와 똑같은 방법으로 제거하거나 전용 클리너로 닦는다. 쿠션이 분리되는 소파는 가끔 분리해 청소한다. 오염이 스며드는 것을 방지하는 방수 스프레이를 뿌려도 좋다.

1 더러워지면 얼룩 제거용 클리너를 뿌린다.
오염된 부분에 클리너 스프레이를 뿌리고 잠시 둔다.

2 깨끗한 천으로 조심스럽게 오염을 닦아낸다.
오염이 표면에 떠오르면 닦아낸다. 세게 문지르지 않도록 주의한다.

※ 눈에 띄지 않는 부분에 설명서대로 시험해본 뒤 사용하자.

Item 03
가죽

소재

천연피혁은 흡습성, 통기성이 뛰어나 열이 고이지 않는 것이 특징이다. 가장 많이 사용되고 품질이 좋은 것은 소가죽이다. 가죽을 마감하는 방법에도 우레탄 마감 또는 가죽의 호흡을 막지 않고 쓸수록 깊은 맛을 느낄 수 있는 오일, 왁스 마감이 있다.

손질 방법

부드러운 천으로 닦는 것이 기본이다. 손때는 전용 클리너로 닦아낸 후 표면에 크림이 남지 않도록 걸레질한다. 벤젠이나 시너, 알칼리성 세제는 사용할 수 없다. 음료를 흘렸을 때는 바로 마른 수건으로 닦아낸다. 또 가죽에 묻은 볼펜 얼룩은 얼룩 제거용 세제를 표면에 칠한 후 얼룩이 표면에 떠오르면 닦아낸다.

가죽 가구를 손질하는 법

가죽 손질도 마른걸레질이 기본이지만 가끔은 가죽 케어 세트로 청소한다.

1 클리너로 오염을 닦아낸다.
가죽 표면의 오염이 거슬린다면 스펀지에 클리너를 묻혀서 가볍게 문질러 닦아낸다.

2 보습 크림을 걸레에 묻힌다.
얇은 막을 형성해 가죽 제품을 깨끗하게 보존하며 주스나 기름기가 스며들어 얼룩이 지는 것을 방지한다.

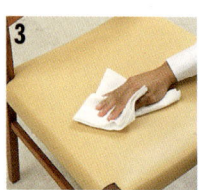
3 전체적으로 잘 펴 바른다.
얼룩이 생길 수 있으니 크림은 부분적으로 바르지 말고 전체적으로 잘 펴 바른다.

Item 04
합성피혁

소재
천연피혁에 가까운 질감과 부드러움이 특징인 합성피혁은 폴리우레탄 수지로 만든다. 한편, 염화비닐 레더*는 염화비닐이 원료다. 둘 다 통기성이 낮다.

손질 방법
부드러운 천으로 문지른다. 음식물이나 손때는 촘촘한 조직의 천에 묽게 희석한 중성세제 용액을 묻혀서 닦아 내고, 따뜻한 물에 적신 천으로 세제를 닦은 후 마른 천으로 수분을 제거한다.

Item 05
강철과 철

소재
강철 제품은 대부분 마감이 되어 있지만 상처가 난 자리에 녹이 슬 수 있다. 철 제품에는 대개 녹 방지제가 도포되어 있다. 알마이트* 처리를 한 알루미늄은 가벼우며, 기후 변화에 잘 견딘다는 특성이 있다.

손질 방법
기본은 마른걸레질이다. 녹이 슬면 금속 연마제로 연마하는데, 이때 도장이 벗겨지지 않도록 주의한다.

Item 06
등나무

소재
등나무는 콩과의 낙엽 덩굴식물로 '라탄'이라고도 한다. 튼튼하고 탄력이 있어서 의자 등에 쓰인다.

손질 방법
올 사이에 낀 먼지를 청소기로 빨아들인다. 심한 오염은 물수건으로 닦은 다음 마른 수건으로 물기를 제거한다.

Item 07
매트리스

소재
쿠션에 쓰이는 스프링 코일은 지름이 작고 수가 많을수록 체중을 잘 분산한다. 바른 취침 자세를 유지할 수 있으며, 매트리스 일부분이 꺼지고 주저앉는 현상도 늦출 수 있다.

손질 방법
반드시 침대 커버를 사용하고 꼼꼼하게 세탁한다. 매트리스와 프레임의 먼지는 정기적으로 청소기로 제거한다.

Item 08
경첩과 손잡이

소재
경첩의 주된 소재는 강철과 스테인리스다. 강철 제품에는 대개 녹이나 변색을 방지하는 도장 처리가 되어 있다. 손잡이의 소재는 대부분 나무, 금속, 도기 등이다.

손질 방법
보통은 부드러운 천으로 닦으며, 오염이 묻었을 때는 물걸레로 닦은 후 마른 천으로 닦아낸다. 경첩의 가동부에는 반년에 한 번 정도 윤활유를 뿌린다.

가구

인기 매장 추천 카탈로그

평생 간직할 가구를 판매하는 매장

오래 아끼고 사랑할 만한 가구를 두루 갖춘 인기 매장이 추천하는
디자인과 기능을 겸비한 스테디셀러, 그리고 히트 상품을 소개합니다.

Shop 01
THE CONRAN SHOP SHINJUKU
더 콘란 숍 신주쿠점

**전 세계에서 엄선된
고급 제품이 가득한 매장**

테렌스 콘란_Terence Conran*은 전 세계에서 엄선한 아이템과 직접 디자인한 오리지널 상품을 판매한다. 뛰어난 기능과 디자인을 갖춘 아이템들이 준비되어 있다. 가구뿐만 아니라 직물과 테이블보, 정원 용품 등 생활을 아름답게 해줄 다양한 아이템이 있다.

프랑스의 강철 가구 회사인 『톨릭스_TOLIX』제품.

보기에 좋을 뿐만 아니라 각 상품의 특색까지 잘 살린 디스플레이. 세련된 코디네이션은 집 꾸미기에도 좋은 참고가 된다.

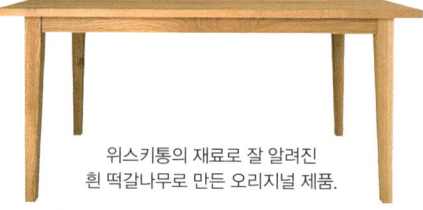
위스키통의 재료로 잘 알려진 흰 떡갈나무로 만든 오리지널 제품.

가벼운 알루미늄으로 만들어 내구성을 높인 『에메코_Emeco』사의 의자.

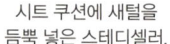
시트 쿠션에 새털을 듬뿍 넣은 스테디셀러.

대표인 콘란 씨가 직접 디자인한 사다리형 장식장.

더 콘란 숍 신주쿠 본점
도쿄 도 신주쿠 구 니시신주쿠 3-7-1 신주쿠 파크타워 3~4층
영업시간 10:30~19:00
(금·토·일요일은 19:30까지)
휴업일 수요일
(휴업일이 공휴일일 경우 정상 영업)
※마루노우치, 나고야, 오사카, 후쿠오카에도 매장이 있다.
www.conran.co.jp

Shop 02
ACTUS SHINJUKU
악터스 신주쿠점

해외 유명 브랜드 상품과 심플한 생활에 잘 맞는 가구가 있는 매장

이탈리아 『포라다_PORADA』, 덴마크의 『아일러슨_Eilerson』 등 세계 최고의 브랜드 가구와 오리지널 브랜드 가구를 취급한다. 일반 가정집의 실내 장식과 기존 가구에 잘 어울릴 만한 심플하고 내추럴한 아이템이 많을 뿐만 아니라, 집에 적합한 크기로 만들어진 가구, 다양하게 변경할 수 있는 아동용 가구도 많다.

2,000㎡에 달하는 넓은 공간에는 독일의 시스템 주방 『포겐폴_POGGENPOHL』과 오리지널 브랜드 『슬로하우스_SLOW HOUSE』 등이 전시되어 있다. 편안하게 차를 마실 수 있는 카페도 갖춰져 있으니 한번 들러보자.

원룸 주택을 위해 만들어진 작은 소파.

벽에 붙여 놓으면 벤치 외의 용도로도 쓸 수 있는 플랫 벤치. 소재는 떡갈나무.

자리를 많이 차지하지 않으면서 대화도 원활하게 할 수 있는, 마치 계란을 찌그러뜨린 듯한 개성적인 모양의 식탁. 소재는 떡갈나무.

호두나무 미장합판으로 만든 테이블과 흰색의 테이블이 조합된 거실 탁자.

심플한 책상과 서랍장이 단순하지만 깊이 있게 공간을 꾸민다.

아이 방에 두고 싶은 깨끗한 디자인의 다락침대.

악터스 신주쿠점
도쿄 도 신주쿠 구 신주쿠 2-19-1 BYGS빌딩 1~2층
영업시간 11:00~20:00
휴업일 부정기 휴업
※오사카, 고베, 후쿠오카 등에도 직영점이 있다.
www.actus-interior.com

Shop 03

IDÉE
이데

감각적인 오리지널 디자인 상품

해외 제휴 디자이너와 사내 디자이너가 협력해 제작한 오리지널 가구는 심플하면서 디테일이 돋보이는 제품이 대부분이다. 이처럼 「이데」매장의 가구들은 모두 디자인에 심혈을 기울인 제품이라는 공통점이 있다. 기능적이고 편리한 오리지널 가구를 합리적인 가격에 제공하는 「이 바이 이데_e by IDEE」 시리즈도 절찬리에 판매되고 있다.

현대를 상징하는 심플하고 모던한 가구와 직물 제품, 조명 기구, 디자인 소품, 인테리어 식물이 준비되어 있다.

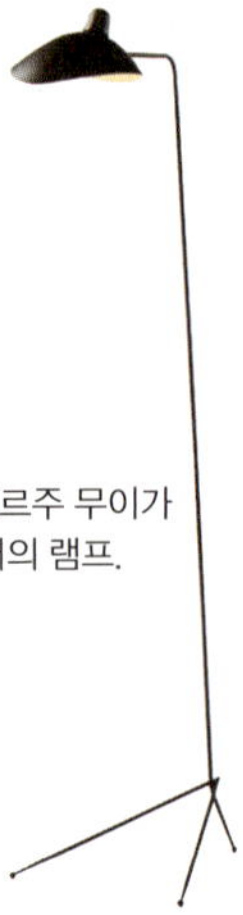

파리 출신 디자이너 세르주 무이가 만든 유기적인 형태의 램프.

북유럽 스타일의 소박함에 모던함과 클래식함을 가미한 디자인. 소재는 미국물푸레나무.

좌석이 뒤로 많이 기울어져 몸을 잘 받쳐주는 소파.

좌석이 몸의 곡선을 따라 디자인되어 착석감이 편안하다.

문고와 CD, 단행본, 사진집 등 다양한 크기의 책을 수납할 수 있다. 소재는 미국물푸레 나무.

모던하지만 앤티크처럼 온기가 느껴지는 디자인. 소재는 졸참나무 원목.

이데 숍 지유가오카
도쿄 도 메구로 구 지유가오카 2-16-29
영업시간 11:30~20:00 (토·일·공휴일은 11:00부터)
휴업일 연중무휴

※ 후타코타마가와, 도쿄 미드타운, 루미네 유라쿠초 등 도쿄 도내에만 7개 매장이 있다.

www.idee.co.jp

Shop 04

TRUCK
트럭

쓸수록 깊은 멋이 우러나는 소박한 가구

1997년 개점한 이래 소박한 느낌을 강조한 오리지널 가구를 만들어 많은 인기를 받고 있다. 나무, 가죽, 철 등 소재 자체의 특색을 살린 심플한 가구는 쓰면 쓸수록 깊은 멋이 우러나 나에게 딱 맞는 가구로 변한다. 또 바로 옆에는 『트럭』의 가구를 활용한 카페 『버드_Bird』가 있어서 누구나 편히 차를 마시며 쉬어 갈 수 있다.

강철 프레임과 졸참나무 원목으로 만든 팔걸이가 돋보이는 소파.

옹이진 곳, 갈라지고 거친 부분을 일부러 그대로 살려 분위기를 준 테이블.

앉는 부분은 졸참나무 원목, 프레임은 강철.

뼈대는 호두나무 원목. 갓은 직물로 된 스탠드.

강철 선반에 수납 박스가 가지런히 들어 있는 4단 수납장.

매장 내에서는 가구, 조명뿐만 아니라 가방과 의류, 테이블보, 문구류 등의 오리지널 상품 역시 판매되고 있다.

트럭
오사카 부 오사카 시 아사히 구 신모리 6-8-48
영업시간 11:00~19:00
(토·일·공휴일은 11:00부터)
휴업일 화요일, 첫째·셋째 수요일

www.truck-furniture.co.jp

Shop 05

北の住まい設計社

기타노스마이셋게샤

원목을 오일, 왁스 등의 천연 소재로 마감해 대를 이어 쓰는 가구

벚나무, 호두나무, 단풍나무 등의 원목으로 장인이 직접 만든 고급 짜맞춤* 가구를 판매한다. 표면은 아마씨유와 밀랍 왁스로 마감한다. 튼튼해서 오래 쓸 수 있고 유행을 타지 않는 심플한 디자인이다.

소가죽과 벚나무 원목으로 만든 러스틱 체어.

구조 전체가 호두나무로 되어 있어 튼튼한 소파.

3단계로 연장이 가능한 단풍나무 테이블.

기타노스마이셋게샤
본사 히가시카와 전시장 홋카이도 가미카와 군 히가시카와초 동7호 북7선
영업시간 10:00~18:00
휴업일 수요일
※삿포로, 도쿄에도 매장이 있다.
www.kitanosumaisekkeisha.com

Shop 06

THE PENNY WISE

더 페니 와이즈

영국의 전통을 잇는 소나무 가구가 인기인 매장

소나무로 만든 내추럴 컨트리 스타일의 가구를 구매할 수 있다. 영국에서 온 클래식한 가구 「폴 윌슨 시리즈_Paul Wilson」를 비롯해 주택에 적합한 크기로 제작된 오리지널 가구가 다양하게 준비되어 있다. 함께 있는 「콜로니얼 체크_Colonial」는 직물 전문점.

「콜로니얼 체크」의 직물 갓을 씌운 컨트리풍 조명.

「폴 윌슨 시리즈」의 철제 더블 침대.

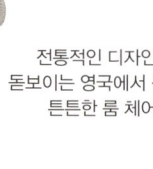

전통적인 디자인이 돋보이는 영국에서 생산된 튼튼한 룸 체어.

스테디셀러인 서랍 달린 소나무 식탁.

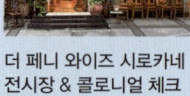

더 페니 와이즈 시로카네 전시장 & 콜로니얼 체크 시로카네점
도쿄 도 미나토 구 시로카네다이 5-3-6
영업시간 11:00~19:30
휴업일 화요일 (휴업일이 공휴일일 경우 정상 영업)
www.pennywise.co.jp

Shop 07

Cassina ixc.
카시나 익스씨

모던 디자인의 거장이 만든 명작 가구를 만날 수 있다

이탈리안 모던 디자인 상품뿐만 아니라 세계의 유명 디자이너와 사내 디자이너가 제휴해 제작한 오리지널 가구를 취급하는 고급 가구점이다. 또 저작권 허가를 얻어 정식으로 복원해 생산한 근대 건축 거장들의 명작 가구와 조명도 판매한다.

마리오 벨리니*가 디자인한 가죽 커버 의자.

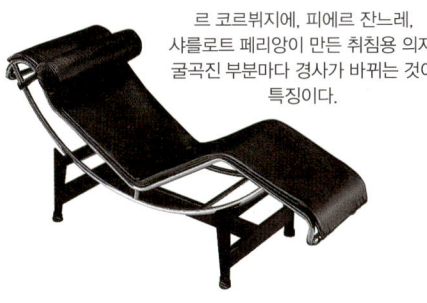

르 코르뷔지에, 피에르 잔느레, 샤를로트 페리앙이 만든 취침용 의자. 굴곡진 부분마다 경사가 바뀌는 것이 특징이다.

일본인 디자인 단체 『토네리코』에서 생산한 플로어 램프.

카시나 익스씨 아오야마 본점

도쿄 도 미나토 구 미나미아오야마 2-12-14 유니매트(UNIMAT) 아오야마빌딩 1~3층

영업시간 11:00~19:30
휴업일 부정기 휴업

※오사카, 후쿠오카에도 매장이 있다.

www.cassina-ixc.com

등받이를 하이백 또는 로백으로 변경할 수 있는 소파.

Shop 08

TIME & STYLE MIDTOWN
타임 앤 스타일 미드타운

가정에 잘 어울리는 세련된 모던 디자인 가구

긴장감, 조화, 섬세함 등 동양 특유의 미의식을 강조한 오리지널 가구를 취급한다. 내추럴한 소재가 세련된 모던 디자인의 가구로 새롭게 태어나는 곳으로, 2012년 5월에는 도쿄 미나미아오야마에 수납 가구 전문 전시장인 『하우스 스토리지 타임 앤 스타일_HOUSE STORAGE TIME & STYLE』을 열었다.

흰색과 검은색 다리가 어우러져 세련된 느낌의 「LEO 암 체어」.

가구는 모두 일본에서 만든 주문 생산품으로 고급 가구가 즐비한 매장에는 고요한 분위기가 느껴진다.

넓고 심플한 다이닝 원목 테이블.

타임 앤 스타일 미드타운

도쿄 도 미나토 구 아카사카 9-7-4 도쿄 미드타운 갤러리아 3층

영업시간 11:00~21:00
휴업일 1월 1일

※지유가오카, 신주쿠 이세탄, 후쿠오카에도 매장이 있다.

www.timeandstyle.com

등을 받치는 느낌이 특히 편안한 소파.

Shop 09

STANLEY'S
스탠리즈

**소파를 믿고 맡길 수 있는 곳,
장인의 기술이 빛나는 전문점**

공방의 장인이 한 대씩 맡아서 만든 주문 소파와 의자를 판매한다. 다른 회사의 소파나 의자 커버 교체도 의뢰할 수 있다. 착석감이 편안한 소파가 특히 인기이며, 크기나 커버도 마음대로 선택할 수 있다. 이 밖에 테이블 등 오리지널 디자인의 목제 가구도 만든다.

부드러운 타원형의 너도밤나무 원목 테이블.

작고 동그스름한 팔걸이가 사랑스러운 1인용 소파.

소파만큼 편안한 의자. 가장자리의 파이핑*이 세련된 멋을 풍긴다.

팔걸이가 좁아 좌석이 넓고 편안한 소파.

스탠리즈 메구로점
도쿄 도 메구로 구 메구로 4-10-6
영업시간 11:00~19:30 (일요일은 12:00부터)
휴업일 목요일 (휴업일이 공휴일일 경우 정상 영업)
www.stanleys.co.jp

Shop 10

SERVE
서브

**단풍나무의 매력이 살아 숨 쉬는
심플하고 내추럴한 가구**

소재, 구조, 형태, 편의성이 뛰어난 단풍나무 가구 전문점이다. 섬세한 나뭇결이 살아 있는 심플하고 질리지 않는 가구들은 모두 오리지널 디자인 제품이다. 숙련된 장인이 홋카이도에서 나는 고로쇠나무(이타야 단풍나무)로 제작한다.

둥근 손잡이와 다리가 특징인 스테디셀러 아이템.

원목 상판의 팽창과 수축에 대비한 디자인.

커버링 타입의 편안하고 예쁜 소파.

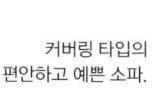

서브
도쿄 도 고가네이 시 세키노초 1-7-2 1층
영업시간 11:00~18:00
휴업일 화요일 (휴업일이 공휴일일 경우 정상 영업)
※ 가나가와, 유가와라에도 주택형 매장이 있다.
www.serve.co.jp

Shop 11
ILLUMS NIHONBASHI
일룸스 니혼바시

스칸디나비안 모던 디자인의 고급 브랜드 상품이 집결한 곳

덴마크 제일의 인테리어 숍 『일룸스 볼리거스_Illums Bolighus』의 제품을 비롯해 다양한 스칸디나비안 모던 스타일의 가구를 판매하는 라이프스타일 전문점. 인기 상품인 『프리츠 한센_Fritz Hansen』과 『아르텍_Artek』* 등 북유럽 가구와 생활 용품을 폭넓게 취급한다.

북유럽 모던 디자인의 거장 알바 알토의 작품.

「Y 체어」라는 이름으로 친숙해진 한스 J. 웨그너의 명작 의자.

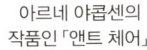

아르네 야콥센의 작품인 「앤트 체어」.

30년 이상 전 세계인의 사랑을 받고 있는 아동용 의자.

일룸스 니혼바시
도쿄 도 주오 구 니혼바시 무로마치 2-4-3 YUITO 2층
영업시간 11:00~20:00
휴업일 부정기 휴업
※ 후타코타마가와, 효고, 히가시토쓰카, 나고야, 오사카, 우메다 등 일본 내 11개 점포가 있다.
www.illums.co.jp

Shop 12
CHARDONNAY
샤르도네

자연 소재를 써서 안전하고 쓸수록 애착이 가는 오리지널 가구

소나무와 호두나무 등 천연목을 식물 성분의 기름으로 마감해 만든 오리지널 내추럴 가구 매장. 아이들이 안심하고 쓸 수 있고, 쓰면 쓸수록 깊은 멋이 우러나는 가구를 다양한 디자인으로 제작·판매한다.

심플한 디자인의 원목 식탁.

다리 디자인이 특이한 테이블.

등받이가 높아 편안한 소파.

샤르도네 기후 본점
기후 현 기후 시 스고 8-2-10
영업시간 10:00~18:00
휴업일 화요일(휴업일이 공휴일일 경우 정상 영업)
※ 일본 내 24개 점포가 있다.
www.chardonnay.co.jp

가구

Shop 13
Karf
카프

기본적이면서 깔끔한 디자인의 가구

단순하고 소박해서 쓰면 쓸수록 정이 드는 가구를 만든다. 모든 가구는 일본 내 공장과 계약을 맺어 일본인 장인이 수작업으로 제작한다. 스타일리시한 디자인의 오리지널 가구 외에 북유럽 빈티지 가구, 인테리어 식물, 조명 등도 다양하게 취급한다.

중후한 빛깔의 트렁크 식탁.

일본인 디자이너 고이케 아쓰시가 디자인한 TV 보드.

상판에 강화유리를 올린 커피 테이블.

가죽 본연의 질감을 잘 살려 염료로 마감한 제품.

카프
도쿄 도 메구로 구 메구로 3-10-11
영업시간 11:00~19:00
휴업일 수요일(휴업일이 공휴일일 경우 정상 영업)
www.karf.co.jp

Shop 14
GEOGRAPHICA
지오그래피카

장인이 깨끗하게 수리한 제품을 판매하는 앤티크 종합 매장

영국을 비롯한 세계의 앤티크 가구를 사들여 전문 수리 기술자가 공방에서 수리하고 원래의 천연 도료로 다시 마감해 판매한다. 앤티크 조명과 소파 등의 오리지널 가구도 취급한다.

면적이 1,300㎡가 넘는 매장에는 복구를 마친 다양한 앤티크 가구가 전시되어 있다.

전통적인 인테리어에 잘 어울리는 영국제 앤티크 네스트 테이블*.

영국의 전통적인 스타일을 본뜬 오리지널 소파.

지오그래피카
도쿄 도 메구로 구 나가초 1-25-20
영업시간 11:00~20:00
휴업일 연중무휴 (연말연시 제외)
www.geographica.jp

Part 5

창 주변 장식 기본 레슨

창 주변 장식은 차지하는 면적이 넓은 만큼
인테리어의 인상과 생활 편의성을 크게 좌우합니다.
이번 Part 5에서는 창을 장식하는 인테리어의
종류 및 특징은 물론 선택하고 설계하는 방법에 대해
자세히 알아보겠습니다.

Lesson 1
Window Treatment

아름다운 집의 완성은 창 주변 연출에서 시작된다

창 주변 장식에 대한 기초

집을 새로 짓거나 수리할 때 창문에 무엇을 달아야 할지 고민하는 사람이 많습니다. 그러한 고민을 덜기 위해 창문을 장식하는 아이템의 종류와 특징에 대해 알아보겠습니다.

Theme 1 창 주변 장식 아이템

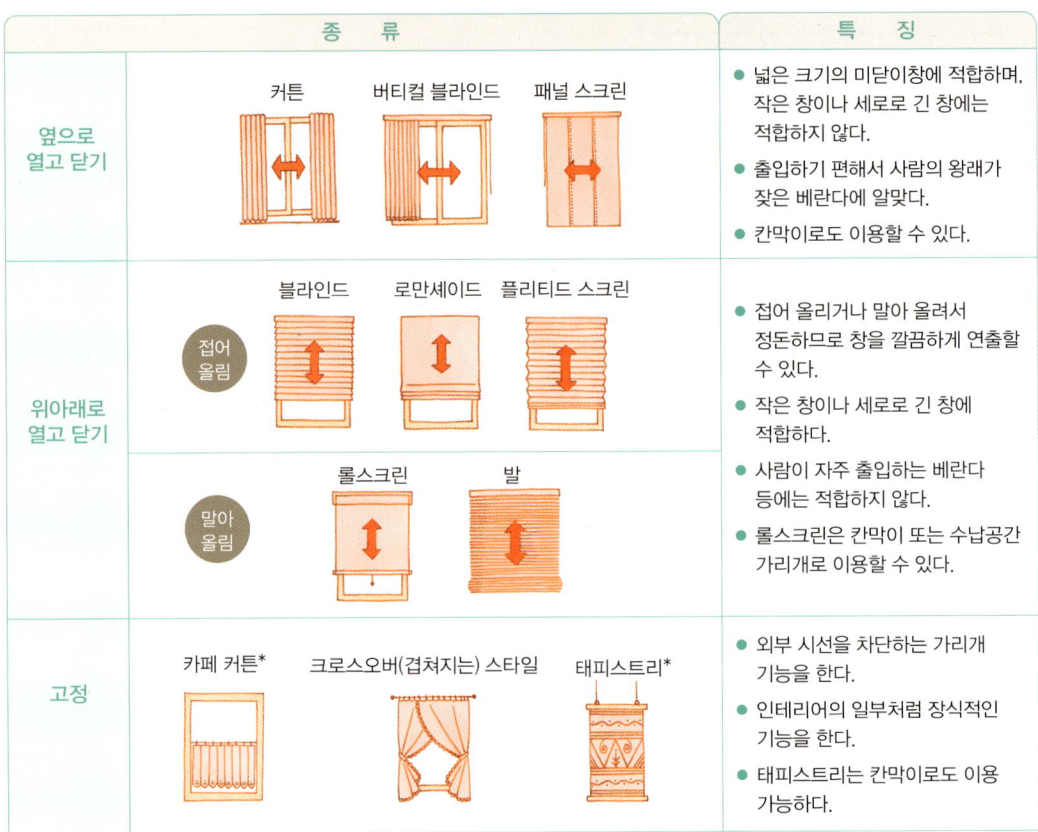

창의 모양과 용도를 생각한다

커튼이나 블라인드 등 창 주변 장식은 매우 중요하다. 인테리어라고 하면 흔히 가구를 떠올리지만, 집 안에서 차지하는 면적이 가장 넓은 부분은 창이기 때문이다. 창 주변 장식을 선택할 때는 그 장식을 달 창이 어떻게 사용되는지를 먼저 알아보자. 예를 들어 사람이 출입하는 테라스 창문에는 좌우로 열리는 커튼 또는 세로 블라인드를 달아야 편하다. 가리개가 필요한 작은 창에는 카페 커튼을 추천한다. 가늘고 세로로 긴 창에는 양쪽으로 열리는 커튼보다 한쪽으로 열리는 커튼 또는 롤스크린이 적합하다. 창의 가로세로 비율까지 고려해 가장 알맞은 아이템을 선택하자.

Theme 2 원단의 종류

원단에 따라 달라지는 커튼의 이미지

커튼은 원단의 성질에 따라서도 분류할 수 있다. 두꺼운 천으로 만든 드레이프 커튼, 얇아서 빛을 적당히 투과시키는 레이스 커튼과 보일* 커튼, 레이스보다 두꺼운 실로 짠 케이스먼트 커튼 등이다.

최근 커튼의 원단으로 주로 폴리에스테르 섬유가 쓰이는데, 폴리에스테르 직물은 주름이 잘 잡히지 않고 세탁을 해도 쉽게 늘어나거나 줄어들지 않는 것이 특징이다. 면이나 마는 주름이 잘 잡히고 세탁 시 줄어들기도 쉽지만, 내추럴한 분위기 때문에 찾는 사람이 많다.

주요 직물의 종류

드레이프
'드레이퍼리'라고도 하며, 굵은 실로 짠 직물을 사용한 두꺼운 커튼이다. 보온과 방음, 차광 기능이 뛰어나고, 고급스러우며 디자인도 다양하다.

시어* 패브릭_Sheer Fabric
얇아서 빛을 통과시키는 직물이다. 대표적인 제품은 편직 기계로 짠 레이스와 얇은 실로 짠 평직 직물 보일이다. 참고로 보일에 자수를 놓은 것은 '엠브로이더리_embroidery'라고 한다. 레이스와 보일의 원단 폭은 대부분 70cm지만, 가로 방향으로 사용해 여러 폭을 연결하지 않아도 되는 150cm 타입도 있다.

프린트
비교적 평평한 원단에 프린트로 무늬를 넣은 직물이다. 크고 추상적인 무늬나 자잘한 꽃무늬, 체크무늬가 많다. 주로 드레이프에 프린트를 넣지만, 보일 원단을 활용할 때도 있다.

▲ 미국의 호텔을 본뜬 정통 인테리어
목제 커튼 박스로 격조 있게 연출한 창문. 드레이프와 레이스를 겹친 더블 커튼에 고급스러운 끈 모양의 술이 달려 있다.

Theme 3 기능성 직물

차광·자외선 차단 등 목적에 맞게 선택

직물별로 다양한 기능이 있으니 방의 용도와 창의 방향, 주위 환경 등을 따져 보고 가장 적합한 상품을 선택하자.

예를 들어 가정에서 세탁할 수 있는 직물이라면 자주 빨아서 청결하게 유지할 수 있다. 또 아파트나 덧문이 없는 주택에서는 직물 제품을 잘 활용하면 사생활을 보호할 수 있다. 차광 기능이 있는 직물을 사용하면 밤에도 실내의 조명이 새어 나가지 않는다. 낮 동안의 외부 시선을 차단하고 싶다면 미러 레이스를 활용해도 좋다. 다양한 기능이 잘 표시되어 있는 견본을 살펴보며 알맞은 커튼을 골라보자.

주요 기능성 원단 알아보기

워셔블 (세탁 가능)	가정에서 세탁할 수 있는 직물. 세탁해도 거의 늘어나거나 줄어들지 않고 색도 빠지지 않는다. 거실이나 식당처럼 가족이 자주 모이는 곳, 아이나 애완동물이 있는 집에 적합하다.
차광 (암막)	외부의 빛을 차단하는 기능이다. 가로 방향의 씨실로 검은 실을 짜 넣은 것과 원단 뒷면에 수지를 활용해 래미네이트* 가공을 한 것이 있다. 덧문이 없는 침실이나 거실과 식당 등에 적합하다. 차광 성능에 따라 등급이 나뉜다.
내광 (耐光)	햇빛에 노출되어도 쉽게 변색되지 않는 기능이다. 특히 레이스나 케이스먼트 커튼은 내광성이 있는 것이 좋다.
미러 레이스 (Mirror Lace)	뒷면에 브라이트사(絲)*를 짜 넣은 레이스. 낮 동안 밖에서는 실내가 잘 보이지 않고 실내에서는 밖이 잘 보이도록 하는 효과가 있다. 또한 냉방 효율을 높여 주며 햇빛에 가구가 변색되는 것을 방지한다.
자외선 차단 레이스	자외선 차단 기능이 있는 레이스. 카펫이나 가구가 햇빛에 변색되는 것을 방지하고, 낮 동안 밖에서 실내가 잘 보이지 않게 하는 효과가 있다.
방염	난연사(難燃絲)를 사용하고 방염 가공을 해 직물이 불에 잘 타지 않게 하는 기능이다. 단, 방염은 불연과는 달라서 불이 붙지 않는 것이 아니라 불이 붙어도 잘 번지지 않는 것을 말한다.
탈취, 항균	탈취 기능은 일상적으로 음식물 쓰레기나 애완동물, 담배 등에서 발생하는 불쾌한 냄새가 배지 않도록 억제하는 기능이다. 항균 기능은 원단 표면에서 균이 증식하는 것을 억제하는 기능이다.

Lesson 2
Window Treatment

세련되고 기능성 있는 창 디자인

창 주변 장식 아이템

창 주변의 아이템을 고를 때는 인테리어와의 조화뿐만 아니라 햇빛 조절이나 사생활 보호 등 기능적인 면도 꼼꼼히 따져 보아야 합니다.

Item 01
커튼

▶ **구멍에 봉을 끼워 캐주얼한 분위기 연출**
커튼의 구멍과 검은색 봉이 인테리어 포인트다. 이와 같은 방식으로 커튼을 만들면 원단의 폭이 좁아도 괜찮기 때문에 경제적으로도 절약이 된다.

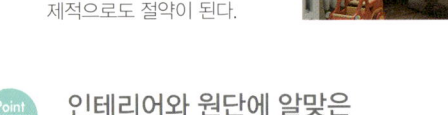
인테리어와 원단에 알맞은 스타일을 선택한다

커튼 상단의 디자인을 고를 때는 인테리어와 잘 어울리는지는 물론 원단의 무늬와 분위기까지 살펴보아야 한다. 어떤 인테리어 스타일에도 잘 어울리며 원단의 두께나 무늬의 방향에 신경 쓰지 않고 편하게 설치해도 되는 것이 '플리츠 커튼'이다. 상단에 주름을 잡는 방식으로는 주름 두 개를 하나로 묶은 것이 일반적이며 더욱 풍성한 볼륨감을 원한다면, 주름 3개를 하나로 묶으면 된다. 아름다운 주름을 원한다면 원단이 부드럽고 탄력 있어야 한다. 얇은 원단의 커튼은 '개더 플리츠'가 적합하며 창가를 여성스럽고 온화하게 연출할 수 있다.

한편, '탭 스타일'처럼 주름을 잡지 않는 평평한 커튼은 캐주얼한 공간에 잘 어울린다. 또 커튼의 두께가 얇아서 좁은 방에서도 답답해 보이지 않고, 있는 그대로의 무늬를 살릴 수 있다. 단, 평평한 커튼에는 어느 정도 힘이 있는 원단이 적합하다.

▲ **벽에 융화되는 연한 색의 커튼으로 선사하는 확장감**
얇은 직물의 느낌을 살린 개더 커튼. 철로 만든 봉도 멋스럽다.

커튼 상단 디자인

플랫 스타일   탭 스타일   아일렛 스타일

3겹 나비주름   2겹 나비주름   개더 플리츠

▲ 패치워크*로 만든 귀여운 커튼

마직물 티 타월*을 이어서 만든 플랫 커튼. 무지와 체크를 조합한다는 생각도 창의적이다. 수제 커튼에 도전하고 싶게 만드는 좋은 아이디어이다.

▲ 직물을 세심하게 선택해 공간을 아름답게 연출

다양한 흰색 소재가 어우러져 독특한 분위기를 만드는 거실. 햇빛이 비치면서 드러나 보이는 얇은 마직물의 질감과 두꺼운 커튼의 음영이 더욱 매력적으로 보인다.

 Point 2 커튼과 레일 폭에는 약간의 여유를 두자

레일이나 봉 길이와 커튼 폭에는 여유를 두어야 한다. 레일과 봉의 길이는 커튼을 양쪽으로 묶을 것까지 고려해 좌우로 10~15cm 정도 여유를 두는 것이 좋다. 이렇게 하면 커튼을 젖혔을 때 창을 가리지 않아 창을 전체적으로 드러낼 수 있다.

커튼 원단 역시 레일 길이에 3~5% 정도 여유 있게 하면 커튼을 닫았을 때 가운데가 붙지 않아 곤란해지는 사태를 피할 수 있다. 어쩔 수 없이 그와 같은 일이 발생했다면 양쪽 커튼 끝에 자석을 달아 문제를 해결할 수 있다.

커튼 치수 계산

알맞은 커튼레일의 길이는, 창문 폭에 좌우로 각 10~15cm를 더하면 된다. 그렇게 해야 커튼을 젖혔을 때 커튼이 창을 가리지 않기 때문이다. 커튼 폭은 실제로 필요한 레일 길이에 3~5%를 여유분으로 더하면 된다.

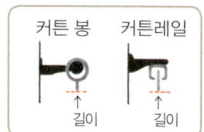

훅의 종류

레일과 봉의 형태에 따라 적합한 훅의 종류가 다르다. 레일이나 봉을 노출시키려면 내려달기 타입(A타입), 레일을 감추려면 올려달기 타입(B타입)을 선택한다.

커튼의 폭

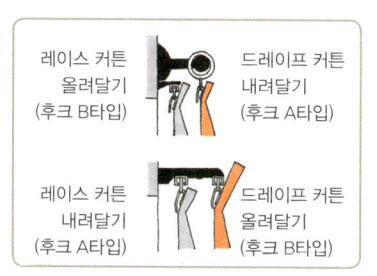

창

Item 02
가로 블라인드

슬랫의 각도로 빛과 시선을 조절한다

가로 블라인드는 여러 개의 슬랫(수평 날개)의 각도를 조절해 직사광선은 차단하고 필요한 만큼의 빛과 바람만 받아들이는 장치다. 여름에는 뜨거운 햇빛을 차단하고 겨울에는 온기가 외부로 유출되는 것을 막아 냉난방 효율이 좋아지고 에너지 절약에도 도움이 된다. 가로 블라인드는 대개 알루미늄 소재이지만 용도별로 종류가 다양하다. 내추럴한 인테리어에 잘 어울리는 목제 블라인드는 알루미늄보다 가격이 비싼 것이 단점이지만, 나무의 따스한 느낌 때문에 최근 주목을 받고 있다.

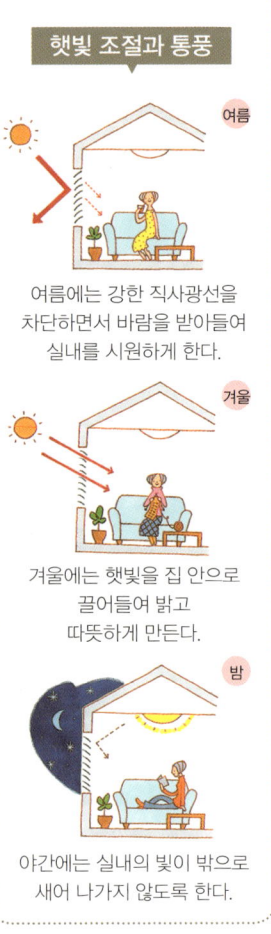

▲ 블라인드와 레이스로 햇빛과 외부 시선을 동시에 차단한다
드레이프 커튼과 레이스 커튼, 블라인드를 함께 달아 빛과 외부의 시선을 자연스럽게 조절한다.

▲ 복고풍 모던 인테리어에는 날개의 폭이 넓은 블라인드가 잘 어울린다
가로 블라인드는 날개의 폭이 넓고 묵직해 보이는 것으로 선택했다.

▲ 벽과 융화되는 흰색 블라인드로 공간의 확장감 연출
흰색이 많은 공간이어서 목제 가구의 매력이 돋보인다. 블라인드를 창틀 안에 딱 맞게 재단해 공간이 더 넓어 보인다.

Item 03

버티컬 블라인드

루버 사이로 새어 들어오는 빛이 아름답다

세로 블라인드는 버티컬 블라인드라고도 한다. 다수의 가느다란 날개인 루버를 레일에 매단 장치로, 루버를 회전해 햇빛과 외부의 시선을 자유롭게 조절할 수 있다. 버티컬 블라인드는 예전에는 사무실 같은 곳에 자주 쓰였지만, 부드러운 분위기의 직물 루버가 등장하면서 주택에서도 사용하기 시작했다. 루버의 수직선이 모던하고 샤프한 분위기를 연출하므로 가로 방향보다 세로 방향의 창, 폭과 높이가 일정 크기 이상인 큰 창에 적합하다.

▲ 높은 천장까지 가득 메운 커다란 창이 부드러운 간접조명 역할을 한다

역동적인 아트리움이 포함된 2층 거실. 햇빛이 그려내는 루버의 세로선이 인상적이다.

▶ 노출 콘크리트* 구조의 모던한 공간을 스타일리시하게 연출

3층 침실의 남쪽 벽면에는 큰 개구를 만들었다. 그리고 광량 조절이 자유로운 세로 블라인드를 달았더니 경사진 천장과 보기 좋게 잘 어울린다.

Item 04

플리티드 스크린

섬세한 주름이 자아내는 우아한 음영이 특징

플리티드 스크린은 자잘한 주름이 생기도록 가공한 스크린을 줄을 당겨 올렸다 내렸다 할 수 있는 장치다. 섬세한 주름과 부드러운 빛을 즐길 수 있으며, 창의 크기나 인테리어 스타일을 가리지 않고 폭넓게 쓰인다.

소재로는 얇아서 빛을 적당히 통과시키는 원단이 주로 쓰이지만 암막 타입도 있으니 참고하자. 그 밖에 집에서 세탁할 수 있는 워셔블 타입, 두 종류의 스크린을 조합한 타입도 있다.

▲ 섬세한 주름과 빛이 만들어내는 음영

호두나무 목재와 아이보리색 벽의 대조가 아름답다. 두 방향의 벽면에 설치된 큰 개구부로 들어오는 햇빛을 플리티드 스크린이 부드럽게 누그러뜨린다.

▶ 혼합 인테리어에도 잘 어울리는 플리티드 스크린

모던한 가구에 등나무 소재의 소품을 혼합한 인테리어. 창에는 벽과 비슷한 색의 스크린을 달아 심플하게 연출했다.

Item 05

롤스크린

완전히 말아 올리면 깔끔하게 정돈되고 개폐도 간단

롤스크린은 간단한 조작으로 스크린을 올렸다 내렸다 하고 또 원하는 높이에서 멈추게 할 수 있는 편리한 아이템이다. 다 말아 올리면 파이프 안에 완전히 감춰지므로 전망과 채광을 방해하지 않아 깔끔한 창 주변을 연출할 수 있다.

한 손으로도 조작할 수 있는 스크린식, 줄을 당겨 개폐하는 코드식, 천장에 달린 창이나 높은 창에 적합한 전동식 등이 있다. 심플한 인테리어에 잘 어울리는 아이템이지만, 다양한 직물을 활용하면 폭넓게 활용할 수 있다.

레이스를 쓰면 우아한 분위기, 대나무나 전통 종이를 활용하면 동양적인 분위기가 난다. 얇은 천과 두꺼운 천 두 장을 하나의 스크린으로 만든 더블(트윈) 타입도 인기다. 방수 가공을 한 욕실용과 차광 원단을 사용한 암막 스크린도 있다.

▲ **편안한 분위기에 어울리는 세로줄 무늬**

앤티크 가구와 산뜻한 조명이 어우러진 공간. 줄무늬 롤스크린을 달아 창을 아름답게 연출하는 동시에 천장이 높아 보이게 했다.

블라인드와 셰이드의 표준 치수

창틀 안쪽에 달 경우

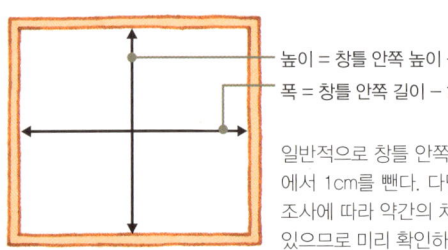

높이 = 창틀 안쪽 높이 − 1cm
폭 = 창틀 안쪽 길이 − 1cm

일반적으로 창틀 안쪽 길이에서 1cm를 뺀다. 다만, 제조사에 따라 약간의 차이가 있으므로 미리 확인하자.

창틀 바깥쪽에 달 경우

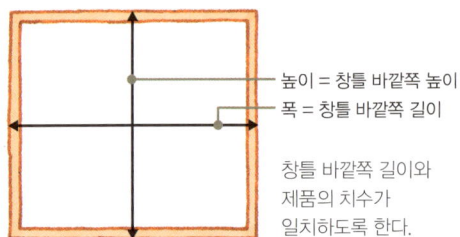

높이 = 창틀 바깥쪽 높이
폭 = 창틀 바깥쪽 길이

창틀 바깥쪽 길이와 제품의 치수가 일치하도록 한다.

▶ **흰색으로 통일된 모던한 공간**

천장, 벽, 가구를 모두 흰색으로 통일하고, 그 순수한 아름다움에 어울리도록 창문과 조명도 심플하게 통일했다.

▶ **고창*에서 들어오는 빛을 간단하게 조절한다**

채광 효과가 좋은 고창에 롤스크린을 설치했다. 말아 올리면 감쪽같이 감춰지고, 내리면 벽이 연장된 것처럼 보인다.

Item 06

로만셰이드

다양한 디자인 변화가 가능하며 위로 올려 접을 수 있어 기능성도 뛰어나다

로만셰이드는 직물로 만들어진 셰이드로, 끈을 당기면 밑단부터 접혀 올라간다. 살짝 내리기만 해도 햇빛과 위쪽에서 내려오는 외부 시선을 차단할 수 있는 상하 승강 타입 특유의 기능은 롤스크린과 같으며, 원단의 주름과 부드러운 분위기를 즐길 수 있다는 특징이 있다. 스타일은 다양하지만, 가장 일반적인 것은 어떤 인테리어에도 잘 어울리는 프랑스 스타일이다. 여성스럽게 꾸며진 방이라면 주름이 풍성한 벌룬 스타일이나 루스 스타일이 어울리며 이때는 얇은 천을 사용하는 것이 좋다. 두꺼운 천과 얇은 천 두 장을 겹쳐 사용하는 더블(트윈) 타입도 있다.

▲ **소재의 질감이 돋보이는 고급스러운 인테리어**
회벽과 떡갈나무 바닥재가 돋보이는 공간이다. 창의 로만셰이드는 적당히 빛을 투과시키는 고급스러운 직물로 만들어졌다.

로만셰이드의 디자인

● **플레인 스타일** Plain Style
작은 창과 큰 창에 모두 어울리며 어떤 인테리어에도 쉽게 조화되는 심플한 스타일. 레이스 원단에서 드레이프 원단까지 폭넓게 쓸 수 있다.

● **샤프 스타일** Sharp Style
가로 방향으로 스티치와 막대를 넣어 접어 올리면 단정한 주름이 생긴다. 단, 케이스먼트나 자카드 원단은 스티치가 눈에 띄지 않으므로 원단 선택에 주의해야 한다.

● **폴드 스타일** Fold Style
파도처럼 겹쳐지는 주름이 생기는 디자인으로 볼륨감이 특징이다. 얇은 원단은 경쾌한 인상, 두꺼운 원단은 중후한 인상을 준다. 두께에 관계없이 부드럽고 탄력 있는 원단이 좋다.

● **벌룬 스타일** Balloon Style
밑단이 풍선처럼 부풀면서 접혀 올라가는 스타일. 커튼 상단은 얇은 천이라면 개더, 중간 두께의 천이라면 플리츠, 힘 있는 천이라면 상자 주름*이 좋다.

● **루스 스타일** Loose Style
벌룬 스타일의 볼륨감과 플레인 스타일의 심플함이 더해진 스타일. 밑단이 적당히 부풀어서 부드러운 분위기를 연출한다.

● **오스트리안 스타일** Austrian Style
잔물결 같은 섬세한 주름이 특징이며, 우아한 인테리어에 잘 어울린다. 물결이 이어지는 듯한 디자인을 살리려면 가로 폭이 일정 크기 이상인 창에 다는 것이 좋다.

● **무스 스타일** Mousse Style
한 장의 천 중앙에 달린 줄을 당기면 밑단이 접혀 올라가 물결무늬가 생긴다. 세로로 긴 창에 어울리는 디자인으로, 부드럽고 탄력 있는 천을 쓰는 것이 좋다.

● **피콕 스타일** Peacock Style
공작의 날개를 본뜬 스타일. 세로로 긴 창에 어울리며, 여러 개 연달아 나 있는 창에 달아도 아름답다. 무지 천을 사용해도 아름답고, 세로줄무늬나 꽃무늬 천을 활용하면 독특한 매력을 즐길 수 있다.

▲ **가로 주름이 공간의 포인트**
벽과 비슷한 색의 직물로 만든 샤프 스타일 셰이드. 셰이드를 내리면 나타나는 가로선이 인테리어에 긴장감을 준다.

▲ **플레인 스타일의 셰이드로 연출한 코너**
분위기 좋은 카페를 연상시키는 인테리어. 로만셰이드에 쓴 내추럴한 직물이 펜던트 조명과 가구의 매력을 돋보이게 한다.

창

Lesson 3
Window Treatment

산뜻한 빛과 바람이 넘치는 건강하고 쾌적한 집
창 설계 기초 지식

빛과 바람은 받아들이고 위험으로부터 가족을 지켜주는 창문.
집에 가장 잘 어울리는 창문을 설계해 쾌적한 집을 만드는 방법에 대해 소개합니다.

Theme 1 창 설계의 기본

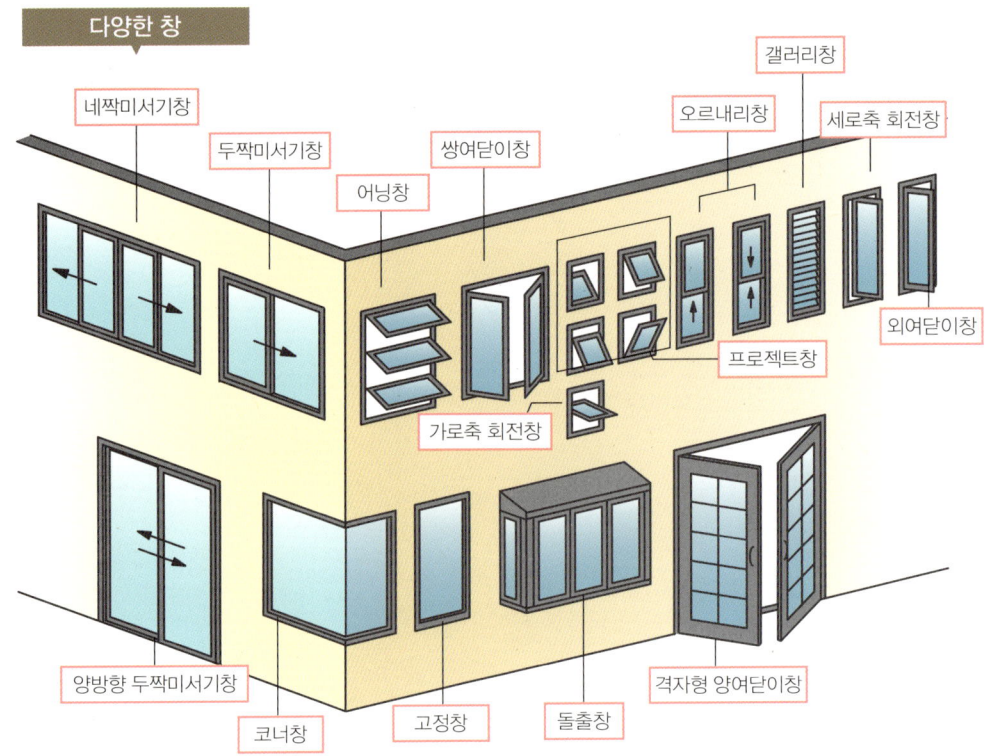

다양한 창

기능과 디자인을 고려해 창을 효율적으로 설계한다

창에는 오르내리창과 내민창 등 다양한 종류가 있으며, 창의 형태나 크기, 설치 장소에 따라 채광과 통풍 등 쾌적성은 물론 집 전체의 인상도 달라진다. 그러므로 창을 설계할 때는 방의 용도와 주위 환경, 내·외부 인테리어와의 조화 등을 종합적으로 고려해야 한다. 통풍을 원활하게 하려면 바람의 출구와 입구에 창을 설치하는 것이 기본이다. 수벽*을 없애고 창을 천장 부근의 높은 곳에 설치하면 통풍과 채광이 원활해진다.

창을 선택할 때 확인할 점

☐ **설치 장소의 방위와 용도**
채광, 통풍, 조망, 출입·개폐 등에 문제는 없는가?

☐ **주위 환경과의 조화**
옆집 또는 지나가는 사람의 시선을 차단할 수 있는가?

☐ **내·외관 인테리어와의 조화**
새시 소재와 색, 디자인은 건물에 적합한가?

☐ **창의 기능**
단열, 소음 차단, 방범, 청소의 용이성 등 필요한 기능이 확보되어 있는가?

Theme 2 창 설계 포인트

Point 1 : 큰 개구부로 안팎을 연결해 집은 넓게, 마음은 산뜻하게 만드는 창

데크를 생활공간으로 활용하면 주거 공간을 더욱 넓힐 수 있다. 집을 신축 또는 개조하면서 데크를 도입할 예정이라면, 창도 신중하게 선택하자. 데크 앞의 창을 완전히 열 수 있다면 실내와 실외 공간이 이어져 집이 넓어진 듯한 느낌을 받을 수 있다. 창은 바닥에 턱이 생기지 않는 것으로 고르고, 미닫이라면 벽 뒤에 창틀을 모두 숨겨서 겉으로 보이지 않게 하는 방식을 택하자. 또 완전히 열 수 있는 창문에는 미닫이뿐만 아니라 접이식도 있으니 참고하자.

▶ 아름다운 풍경을 한눈에 볼 수 있는 쾌적한 거실

푸른 바다와 하늘이 보이는 집. 창을 열어 놓으면 외부 테라스와 거실이 하나로 이어진다. 태풍의 피해를 입지 않도록 상부에는 큰 창이 아닌 세로로 긴 작은 창을 설치했다.

▶ 안팎을 이어주는 큰 개구부가 있는 밝고 개방적인 공간

완전히 열 수 있는 접이식 창을 설치해 데크와 실내를 연결했다.

Point 2 : 외부 시선을 차단하기 위해 고창과 지창을 활용한다

도로에 인접해 있거나 옆집과 딱 붙어 있는 집이라면, 외부 시선이 닿기 어려운 위치에 창을 내어 사생활을 보호할 필요가 있다. 도로 옆에 자리한 방에는 천장 가까이에 고창과 바닥 가까이에 지창*을 적절하게 설치해 외부의 시선을 차단한다. 고창과 지창은 앉았을 때 눈높이가 낮은 좌식 주거에도 효과적이다.

옆집에 면한 방이라면 두 집의 창이 마주 보지 않도록 창을 어긋나게 배치해 서로의 사생활을 보호하자. 주택이 밀집한 곳이라면 천창(톱 라이트)을 다는 것도 좋은 방법이다. 집을 새로 지을 경우, 건물이 안뜰을 둘러싸는 구조를 택하면 남의 눈을 의식하지 않고 집 안에서 마음껏 빛과 바람을 즐길 수 있다.

▶ 사생활을 보호하면서 바람은 통과시키는 편리한 고창

인접한 아파트 사람들의 시선을 차단하기 위해 고창을 설치했다.

▼ 외부 시선을 고려한 창 높이

오른쪽에 보이는 창은 TV의 위치와 외부 시선을 고려해 배치한 것이다. 고창에서 들어온 빛이 거실의 아트리움을 한층 쾌적하게 한다.

Point 3 창의 소재와 디자인 선택으로
수준이 한 단계 높아진 인테리어

인테리어를 더욱 완벽하게 하고 싶다면, 창의 소재와 색, 디자인에도 주목할 필요가 있다. 얼마 전만 해도 그렇지 않았지만 지금은 알루미늄이나 합성수지로 만든 창틀도 색상이 다양해져서 내추럴한 집에는 원목 느낌, 모던한 집에는 흰색과 은색 등으로 취향에 맞게 선택할 수 있게 되었다. 원한다면 창의 디자인이나 배치에 따라 창틀의 외관과 인테리어를 개성적으로 꾸밀 수도 있다. 서양식 건물이라면 격자가 들어간 오르내리창이나 아치 모양의 붙박이창으로 산뜻한 이미지를 강조해보자. 모던한 건물이라면 깔끔한 사각형 창을 줄지어 달아 분위기를 세련되게 연출하는 것도 좋은 방법이다.

▲ **따뜻한 느낌의 나무 창틀과 같이 자연 소재를 많이 쓴 집**
벽은 규조토, 바닥은 소나무. 목제 창은 마치 풍경을 담아 놓은 액자 같다.

▲ **낡은 것이 주는 아름다움을 만끽하는 공간**
앤티크를 여기저기에 배치한 집. 창문은 앤티크풍 소재로 특별 주문해 제작했다.

▲ **나란히 늘어선 3개의 창이 벽에 개성을 더한다**
TV 위쪽 벽에는 3개의 작은 창을 배치했다. 이 창들은 채광을 원활하게 할 뿐만 아니라 인테리어에도 리듬을 부여하는 요소이다.

◀ **벽면을 캔버스 삼아 창을 디자인한 집**
넓은 벽면에 세로로 긴 창과 정사각형 창을 아름답게 배치했다. 아트리움 특유의 확장감이 한층 돋보이는 집이 되었다.

TIP!

에너지 절약 창문

북유럽에서 생산된 3중 유리를 끼운 목제 창. 단열성과 기밀성*, 소음 차단성이 뛰어나고 회전식 구조로 청소도 편리하다.

단열 창호를 설치하면 냉난방 효율이 높아진다

단열 창호는 열전도율이 낮은 창호와 2중 유리를 조합한 것을 말한다. 창호는 주로 합성수지나 나무로 만들어지며, 알루미늄A과 합성수지가 조합된 것도 있다. 사는 곳의 기후와 집에 필요한 단열 기능에 따라 적합한 단열 새시를 선택하자.

Part 6

조명 설계
기본 레슨

조명은 인테리어를 완성하는 중요한 요소로 점차 주목을 받고 있습니다.
Part 6에서는 조명 기구의 종류와 선택하는 요령을 비롯해
쾌적한 집을 만드는 조명 기술, 북유럽 디자이너의 조명,
인기 있는 팩토리 스타일 램프에 관한 정보까지 고루 소개합니다.

세련된 조명으로 쾌적한 집 만들기

조명의 종류와 선택 기본 레슨

Lesson 1 Lighting

조명은 기구의 디자인뿐만 아니라 조도(밝기), 빛이 비치는 범위와 모양도 중요합니다. 따라서 먼저 조명 설계에 관한 기본 지식에 대해 알아보겠습니다.

Theme 1 주 조명과 보조 조명

주 조명(전체 조명)

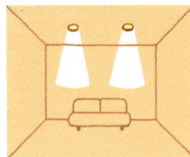

● **다운라이트**
천장에 매립해 사용하는 조명 기구로 눈에 띄지 않을 수록 좋은 심플한 방이나 천장이 낮은 방에 적합하다.

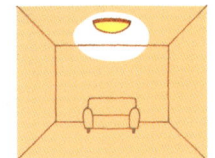

● **직부등**
천장에 직접 다는 기구로 높은 위치에서 방 전체를 비춘다. 주 조명 중 가장 일반적인 형태로 최근에는 자리를 덜 차지하는 제품도 있다.

● **펜던트**
전선과 체인으로 천장에 매다는 기구로, 식탁 조명에 자주 쓰인다. 종류가 다양하므로 테이블 크기나 용도를 고려해 선택한다.

● **샹들리에**
장식 효과가 높은 거실이나 응접실을 화려하게 연출하는 다등 조명 기구이다. 천장이 낮은 방에서는 기구 높이가 낮은 것을 선택하자.

보조 조명(부분 조명)

● **브래킷 또는 벽부등**
벽면에 다는 조명 기구. 벽면을 밝게 비추어 공간에 깊이감이 느껴지므로 방이 넓어 보인다. 또 그 자체로 인테리어 포인트 역할을 한다.

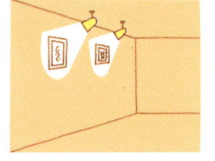

● **스포트라이트**
천장에 달아서 액자 등 특정 대상을 비추는 기구. 단, 주 조명이 너무 밝으면 효과가 떨어진다. 빛의 방향을 자유롭게 바꿀 수 있다.

● **풋라이트**
바닥 근처의 벽에 매립해 발치를 비추는 기구. 주 조명과 함께 설치하면 바닥 쪽이 밝아져서 더욱 안정감이 든다. 복도나 계단, 침실 등에 적합하다.

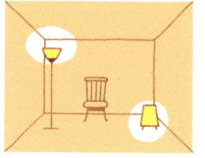

● **플로어 램프**
플로어 램프는 독서하는 공간이나 침침해지기 쉬운 구석의 보조 조명으로 쓴다. 낮은 위치에 설치하면 차분한 분위기를 자아낸다.

기능성을 높이고 분위기도 부드럽게 만드는 조명

조명은 주 조명과 보조 조명으로 나뉜다. 주 조명이란 방 전체를 거의 균일하게 밝히는 조명으로, 대표적인 것이 실링라이트다. 보조 조명은 한정된 범위를 비추는 조명으로, 용도에 따라 두 가지 타입으로 나뉜다. 하나는 책상 스탠드처럼 눈으로 하는 작업에 필요한 조도를 확보하는 조명이다. 단, 작업 범위의 밝기가 충분하더라도 방 전체가 어두우면 눈에 부담이 가니 주의하자. 다른 하나는 충분히 밝지 않거나 분위기를 더 돋우고 싶은 곳에 사용하는 조명으로, 플로어 램프나 브래킷 등이 이에 해당한다. 집에 실링라이트 하나만 있으면 밋밋해지기 쉽다. 게다가 세밀한 작업에 알맞는 조도로 설정해 두면, 일상생활 시 눈이 부시고 전력도 낭비하게 되니 계획을 잘 세워야 한다.

Theme 2. 전구의 종류

에너지를 절약하고 수명이 긴 LED 전구가 대세

전기를 많이 쓰고 열효율이 떨어지는 백열등은 이미 생산이 대폭 줄었다. 대신 LED가 매우 빠른 속도로 보급되고 있다. LED는 백열등보다 전기료는 약 5분의 1 수준에, 수명은 약 20배나 되는 에너지 절감형 전구다. LED만큼은 아니지만 형광등 중에도 고효율·고수명 타입이 있다. 형태도 전구형과 원형 등으로 다양하다. 조명 기구의 종류와 전등의 가격, 점등 시간 등을 고려해 LED와 형광등을 적절히 섞어 쓰는 것이 좋다.

일반 전구형 LED의 빛 확장 범위

빛이 사방으로 퍼지는 타입
빛이 퍼지는 방식은 백열등에 가깝다. 거실의 실링라이트나 다운라이트, 스탠드, 식당의 펜던트 등에 적합하다.

빛이 아래쪽으로 퍼지는 타입
전등 밑을 밝히는 타입. 복도, 화장실, 세면실 등의 다운라이트, 액자를 비추는 스포트라이트에 적합하다.

LED 전구의 밝기

일반 전구 (꼭지쇠* 26mm)		일반 전구형 LED (꼭지쇠 26mm)
20와트(W) 상당(20형)	➡	170루멘(lm) 이상
30와트(W) 상당(30형)	➡	325루멘(lm) 이상
40와트(W) 상당(40형)	➡	485루멘(lm) 이상
60와트(W) 상당(60형)	➡	810루멘(lm) 이상

※ LED 전구의 밝기는 루멘으로 표시한다. 표는 기존 백열등과 밝기가 거의 같은 LED의 루멘 수치.

전구의 종류와 특징

사진제공 : 파나소닉

	백열등	형광등	LED 전구
모양의 예	백열등	전구형 형광등	LED 전구
색상	● 붉은빛이 도는 부드럽고 따뜻한 색이다.	● 전구색은 약간 붉은빛이 도는 색이고, 주광색은 약간 푸른빛이 도는 색이다.	● 산뜻한 색의 백색과 따뜻한 느낌의 색이 있다.
질감·지향성	● 음영이 생겨서 사물을 입체적으로 보여준다. 음식을 맛있어 보이게 한다. ● 지향성이 있어서 목표물을 효과적으로 비춘다.	● 음영이 잘 생기지 않는 평평한 빛이다. ● 지향성이 적다.	● 음영이 생겨서 사물을 입체적으로 보여준다. ● 지향성이 있어서 목표물을 효과적으로 비춘다.
발열량	많다.	적다.	적다.
점등·조광(조도 조절)	● 스위치를 켜면 즉시 점등된다. ● 자주 껐다 켰다 해도 전구의 수명이 줄어들지 않는다. ● 조광기와 함께 쓰면 1~100% 범위로 조도를 조절할 수 있다.	● 스위치를 켠 후 점등될 때까지 시간이 약간 걸린다. ● 자주 껐다 켰다 하면 전구 수명이 현저히 줄어든다. ● 조광기와 병용할 수 없다. ● 조광 기능(단계별 조광, 연속 조광 등)이 있는 점등 회로를 쓰면 조광할 수 있다.	● 스위치를 켜면 즉시 점등된다. ● 자주 껐다 켰다 해도 전구의 수명이 줄어들지 않는다. ● 조광할 수 있는 것도 있다.
전기 요금	높다.	낮다.	낮다.
수명	짧다. (1,000~3,000시간)	길다. (6,000~1만 6,000시간)	길다. (약 4만 시간)
가격	저렴하다.	원형과 직관형은 저렴하지만 전구형은 약간 비싸다.	비싸다.
적합한 장소	짧은 시간만 사용하고 자주 껐다 켰다 하는 곳.	장시간 사용하는 곳.	장시간 사용하는 데다 높은 곳에 있어서 전구 교체가 어려운 곳.

조명

조명 기구의 빛 확장

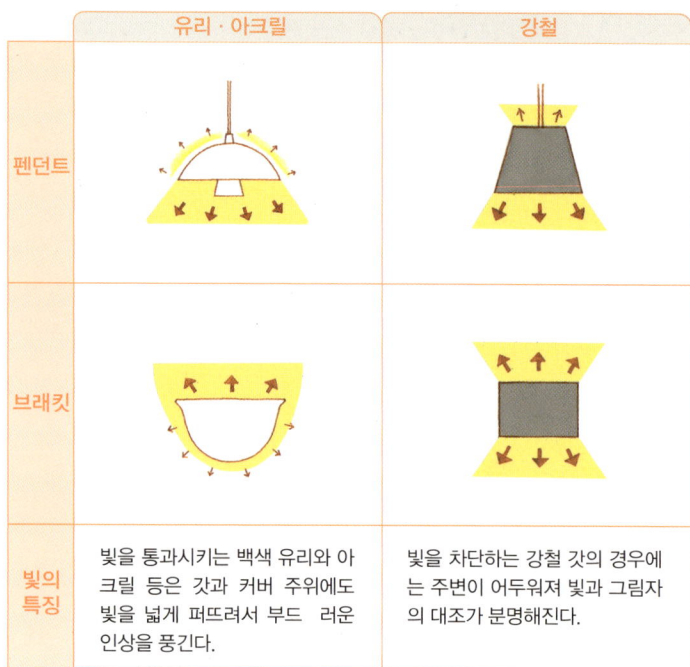

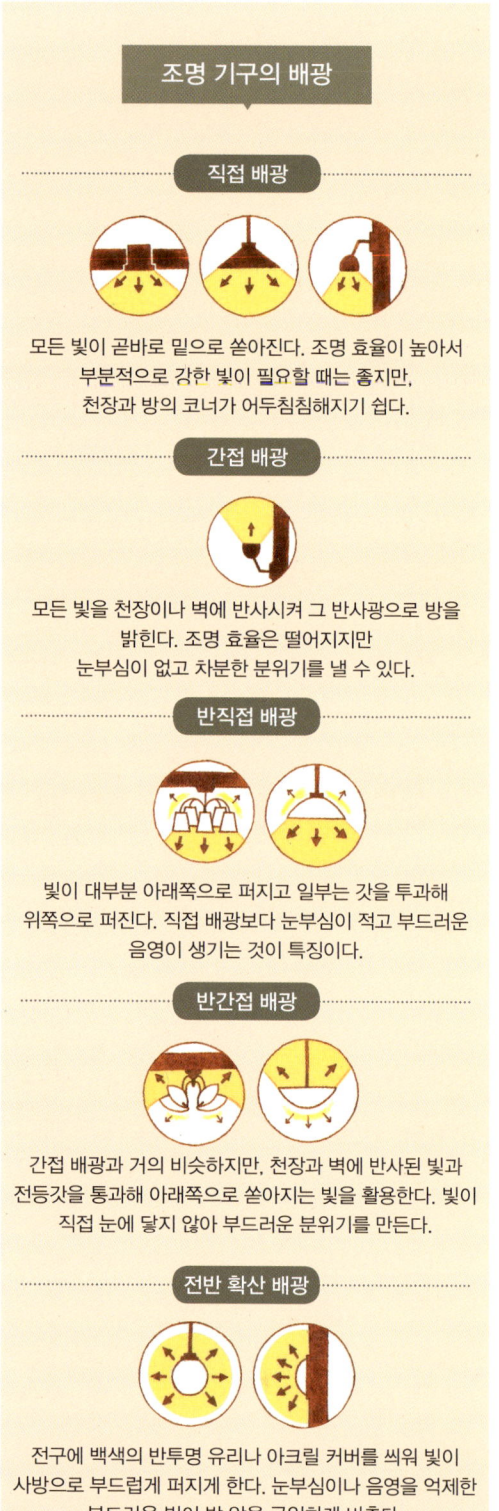

조명 기구를 고를 때는 빛이 퍼지는 모양도 확인하자

같은 위치에 같은 와트의 조명 기구를 설치한다고 해도, 조명 기구에 따라 빛이 퍼지는 방향과 강도가 달라서 방의 분위기도 상당히 달라진다. 배광이란 이처럼 조명 기구에서 빛이 퍼지는 방향과 형태를 의미한다. 배광에는 오른쪽 그림에서 보듯 다섯 가지 유형이 있으며, 기구의 디자인과 갓 또는 커버의 소재에 따라 그 특징이 조금씩 달라진다.

예를 들어 대부분의 다운라이트와 빛을 차단하는 갓을 씌운 펜던트의 경우 모든 빛이 아래로 쏟아지는데, 이러한 타입을 직접 배광이라고 한다. 직접 배광 방식은 국부적으로 강한 조명이 필요한 장소에는 적합하지만 아래쪽으로 내리쬐는 빛을 가려 줄 것이 전혀 없어서 눈이 부실 수 있다. 한편, 모든 빛이 천장이나 벽을 비추어 그 반사광으로 조명을 확보하는 간접 배광으로는 눈부심이 없는 부드러운 빛을 얻을 수 있다. 방에서 어떻게 생활하는지에 따라 강한 빛 또는 부드러운 빛 등 배광 방식을 달리해 쾌적한 생활을 즐기자.

조사면照射面에 따라 달라지는 공간의 인상

빛이 비치는 방향과 공간의 인상

천장과 벽을 밝게 하면 넓어 보인다
천장은 높아 보이고 면적은 넓어 보인다.
개방적이면서 편안한 공간을
만들기에 적합하다.

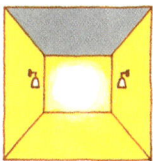

바닥과 벽을 밝게 하면 차분해 보인다
천장이 어둡고 바닥과 벽이 밝으면
차분한 분위기가 된다.
중후한 인테리어에 적합하다.

전체를 비추면 부드러워 보인다
바닥, 벽, 천장에 거의 균일하게 빛이
비치면 빛으로 둘러싸인 듯한
온화한 인상을 받는다.

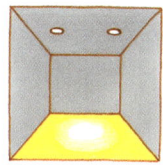

바닥을 밝히면 드라마틱해 보인다
다운라이트 등으로 바닥을 강조하면
공간이 특별해 보인다. 드라마틱한
공간을 만들 때 적합하다.

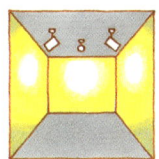

벽면을 밝게 하면 가로로 넓어 보인다
스포트라이트로 벽면을 밝게 비추면
가로 방향으로 방이 넓어진 듯한 느낌이
든다. 갤러리처럼 연출할 때 효과적이다.

천장을 밝게 하면 천장이 높아 보인다
천장에 빛을 비추면 위쪽 공간이
강조되어 천장이 높아 보인다. 개방감과
확장감을 주고 싶을 때 효과적이다.

천장과 벽을 밝게 하면 천장은 높아 보이고 방이 넓어 보인다

벽과 바닥 등 어떤 면을 빛으로 강조하느냐에 따라 공간의 인상이 크게 달라진다. 편안한 공간을 연출할 것인지 드라마틱한 공간을 만들 것인지, 목적에 따라 조명 계획을 세워보자.

부드러운 분위기를 내고 싶다면 바닥, 벽, 천장에 빛이 골고루 도달하도록 설계하자. 바닥과 벽을 밝게 비추고 천장에 빛이 닿지 않도록 하면 차분한 분위기가 된다. 천장이 낮고 좁은 방이라면 천장과 벽에 빛을 비추어 실제보다 천장이 높고 면적이 넓어 보이게 할 수 있다. 한편, 필요에 따라 조명 기구를 여러 개 점등할 수 있도록 배선하면 다채로운 분위기를 즐길 수 있다. 빛의 방향을 바꿀 수 있는 브래킷과 스탠드를 이용하는 것도 좋은 방법이다.

조명의 느낌은 벽, 천장, 바닥의 색에 의해서도 좌우된다. 색이 흰색에 가깝고 광택이 강할수록 빛이 많이 반사돼 더 밝게 느껴진다. 반대로 빛을 흡수하는 어두운 색이거나 광택이 전혀 없다면 어둡게 느껴질 수 있다. 따라서 벽과 천장을 진한 색으로 마감했다면 더 밝은 조명 기구를 선택하는 것이 좋다.

다운라이트를 사용할 때

어두워지기 쉬운 벽과 천장을 밝히자

주 조명용 다운라이트는 빛이 아래를 향한다. 즉 천장과 벽에 빛이 닿지 않아 방이 어둡게 느껴질 수 있다. 그럴 때는 위쪽을 비추는 플로어 전구를 추가하면 간단하게 벽면과 천장을 밝힐 수 있다.

아래로만 내리쬐는 조명은 방을 어두워 보이게 한다

주 조명용 다운라이트만으로는 천장과 벽에 빛이 닿지 않아서 방이 어두워 보이기 쉽다.

천장과 벽을 비추면 방이 밝고 넓어 보인다

위쪽을 비추는 플로어 전구와 벽을 비추는 브래킷으로 천장과 벽을 밝히면 방이 넓어 보인다.

조명을 통해 기능적이고 편안한 공간을 만든다

쾌적한 인테리어를 만드는 조명

Lesson 2 Lighting

조명은 생활의 편의성을 도모하고 공간의 아늑한 분위기를 만드는 데 꼭 필요한 요소입니다. 목적에 따라 조명을 활용하는 아이디어를 소개하니 확인해보시기 바랍니다.

Point 1 거실과 식당이 원룸이라면 조명 위치를 바꿔본다

다양한 조명 기구를 조합해 가족이 함께 모이는 거실과 식당을 기능적이고 편안한 공간으로 만들어보자. 집을 신축하거나 수리할 때는 소파와 식탁 등 주요 가구를 어떻게 배치할지부터 결정하고 나서 조명을 주 조명에서 보조 조명 순으로 검토한다.

이때 빛이 한쪽으로 치우치지 않도록 수평·수직 방향으로 조명을 분산하는 것이 중요하다. 부드러운 간접조명과 강한 직접조명을 조합하는 등 배광에 변화를 주면 깊이감도 줄 수 있다.

▲ 코너마다 조명을 배치해 아름다운 음영이 드리워진 거실을 만든다

전등 방향을 바꿀 수 있는 브래킷과 소형 펜던트 등 조명 기구를 골고루 배치했다. 낮에는 조명을 장식품처럼 즐길 수 있다.

Point 2 거실에서 쉬는 가족을 부드럽게 감싸 안는 간접조명

조명 기구의 존재를 되도록 드러내지 않고 부드러운 빛 그 자체를 즐기도록 하는 간접조명의 발전된 형태를 '건축화 조명'이라 부른다. 이는 집을 건축할 때 조명 기구를 벽이나 천장 등에 미리 설치하는 방식이다. 이와 달리 브래킷이나 스탠드 타입의 간접조명이라면 건축 후에도 어렵지 않게 설치할 수 있다.

▲ 가족이 시간을 함께 보내는 거실은 서양식 간접조명으로 통일

천장에는 조명 기구를 전혀 달지 않고 벽면의 간접조명만으로 거실을 밝혔다. 온화한 빛이 낮 동안의 번잡함을 잊게 해준다.

Point 3 아트리움에서는 벽 위쪽을 비추어 천장 쪽에 확장감을 준다

아트리움에는 벽이나 천장에 조명을 설치해 위쪽을 비춰 공간의 확장감을 강조한다. 아트리움용 브래킷 중에는 벽면에 설치하는 타입 외에도 대들보에 설치하는 타입 등이 있다. 이때는 거의 전구를 교체할 필요가 없는 LED 전등이 적합하다.

▲ 전등 방향을 바꿀 수 있는 브래킷으로 자유롭게 빛을 조절

예술 작품의 매력이 돋보이는 심플한 거실 인테리어. 색을 억제한 공간에 설치된 브래킷 조명의 음영이 인상적이다.

Point 4 펜던트의 크기는 테이블 크기를 고려해 선택한다

펜던트라이트의 크기는 테이블과의 균형을 고려해 선택하자. 테이블 폭이 120~150cm라면 펜던트의 지름은 그 3분의 1 가량인 40~50cm가 적당하다. 테이블 폭이 그보다 큰 180~200cm라면 소형 펜던트를 여러 개 다는 것을 추천한다.

펜던트를 선택할 때는 식탁 앞에 앉아 보고 빛이 눈부시게 느껴지지 않는지 확인하는 것이 좋다. 천장의 전원 콘센트 위치가 테이블의 중심과 맞지 않는다면 펜던트 케이블 연장 장치를 활용해 조명의 위치를 조정하자.

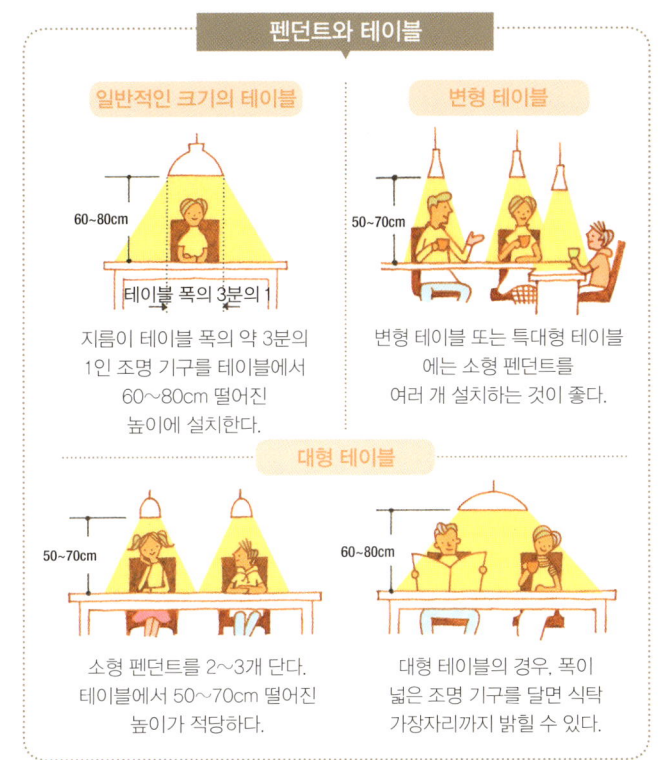

 Point 5 간편하게 조명 변경이 가능한 라이팅 덕트

라이팅 덕트와 스포트라이트 여러 개를 조합해 카페처럼 꾸민 주방.

라이팅 덕트를 사용하면 조명 기구를 늘리거나 위치를 살짝 바꾸는 등 조명 설계를 손쉽게 변경할 수 있다. 단, 조명 기구의 총 와트와 중량에 제한이 있으니 주의하자.

 Point 6 방문 근처의 복도 조명은 손잡이 가까운 쪽에 단다

문손잡이 쪽에 조명을 달면 문이 빛을 가리지 않는다.

경첩 쪽에 조명을 달면 문이 빛을 가린다.

복도 쪽으로 열리는 문 근처에 브래킷을 설치할 때는 주의할 점이 있다. 방문을 열 때 문이 브래킷의 빛을 가리지 않도록 문의 손잡이 쪽에 조명을 설치해야 한다는 것이다.

 Point 7 눈부심 없는 편안한 침실을 만들자

다운라이트는 침대 바로 위를 피해 발치 또는 벽 쪽에 설치한다.

침실 조명은 침대에 누웠을 때 광원이 눈에 직접 닿지 않는 것이 중요하다. 실링라이트라면 부드러운 반간접 배광 방식을 택하고 조광기를 다는 것이 좋다.

Lesson 3
Lighting

기능미를 추구하는 영원한 베스트셀러

디자이너가 만든 인기 조명 기구

건축가와 조명·가구 디자이너가 합작해 만든 조명 기구의 걸작을 소개합니다.
실제로 직접 사용해보면 그 아름다움과 기능성을 절감하게 될 것입니다.

File 01
Poul Henningsen (Denmark)
폴 헤닝센

사람과 물건, 공간을 아름답게 만드는 고급스러운 빛을 탐구했다

20세기를 대표하는 덴마크 출신 램프 디자이너로 근대 조명의 아버지로 불린다. 대표작인 「PH 시리즈」는 치밀한 계산으로 설계된 갓 덕분에 어느 방향에서도 전구가 보이지 않아 부드러운 간접 조명을 즐길 수 있다.

PH 스노볼
여러 겹의 전등갓에 반사된 간접 조명이 아름답게 퍼져 나간다. 넓은 범위에 걸쳐 충분한 빛을 얻을 수 있다.

PH5 플러스
독특한 곡선으로 디자인된 갓과 내부 반사판의 정교한 조합이 불쾌한 눈부심을 줄여준다.

PH2/1 테이블 램프
「PH 시리즈」중 가장 작은 테이블 램프. 지름 20cm의 유리 전등갓을 통해 부드러운 빛이 퍼져 나간다.

PH 아티초크
미묘한 커브를 그리는 72개의 날개를 비롯해 100종 이상의 부품으로 구성된 작품. 1958년에 디자인되었다.

▲ **나뭇결이 돋보이는 인테리어 포인트**
북유럽풍 인테리어에 「PH5 플러스」의 곡선이 부드러운 분위기를 더한다.

▶ **눈길을 잡아끄는 펜던트가 인테리어의 주인공**
북유럽 빈티지 가구를 도입한 인테리어. 상부의 여유 공간에는 아름다운 빛을 비추는 「PH 스노볼」이 달려 있다.

File 02
Poul Christiansen (Denmark)
폴 크리스티얀센

한 장의 플라스틱 시트에서 탄생한 부드러운 빛

플라스틱 시트를 구부려 만든 직선적인 주름을 적용한 전등갓을 판매하던 『르 클린트_Le Klint』. 폴 크리스티얀센은 그러한 『르 클린트』에 과학적인 곡선으로 구성된 전등갓을 제안해 조명계에 새로운 바람을 일으켰다.

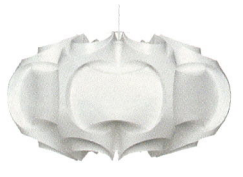

172B
곡선과 요철이 만들어내는 풍부하고 아름다운 음영을 즐길 수 있는 작품.

172A
높이가 31cm로 비교적 좁은 주택에서도 사용하기 쉽다.

File 03
Hans J. Wegner (Denmark)
한스 J. 웨그너

마음을 진정시키는 우아한 선과 뛰어난 기능

북유럽 모던을 대표하는 의자 디자이너 한스 J. 웨그너의 작품. 이 펜던트는 높이와 빛이 퍼지는 범위, 밝기까지 자유롭게 조절할 수 있는 기능을 갖추었다.

웨그너 펜던트 F-142W
용도에 따라 등의 높이와 배광 방식을 바꿀 수 있는 유연한 펜던트.

File 04
Arne Jacobsen (Denmark)
아르네 야콥센

갓의 방향을 바꿀 수 있는 램프, 반세기 가까이 사랑받아 온 디자인

덴마크를 대표하는 건축가로 세계를 주름잡았던 아르네 야콥센. 그의 「AJ 시리즈」인 조명은 「에그 체어」, 「스완 체어」와 함께 코펜하겐의 로열 호텔을 위해 디자인된 상품이다.

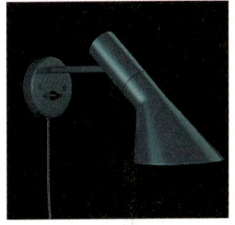
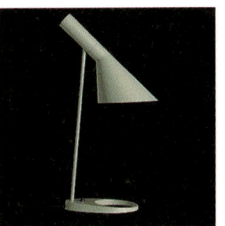

AJ 월
갓이 상하좌우로 각기 60도씩 움직인다.

AJ 테이블 램프
갓을 75도까지 돌릴 수 있다.

▲ 소파 옆에 두어 편리한 독서등으로 활용

단순한 디자인의 갓과 가느다란 기둥을 조합한 「AJ 플로어」. 50년 가까이 흐른 지금도 신선하게 느껴지는 미니멀한 디자인이다.

조명

File 05

Hans-Agne Jakobsson (Sweden)
한스 아그네 야콥슨

소나무 갓에서 새어 나오는 빛이 사람과 공간을 따뜻하게 감싼다

스웨덴을 대표하는 조명 디자이너 한스 아그네 야콥슨의 작품. 얇게 잘라 낸 북유럽 소나무의 질감을 살린 심플한 디자인이 특징이다. 목재 특유의 따스한 빛도 매력적이다.

야콥슨 램프 S2517
키가 24cm인 작은 테이블 램프.

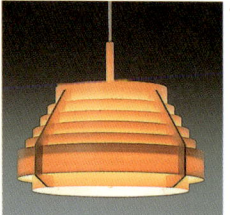

야콥슨 램프 FF-108
시간이 가면서 색이 변해 더욱 깊은 멋이 우러나는 매력적인 작품이다.

▲ **부드러운 빛이 숙면을 돕는 침실**
차분한 올리브그린의 벽, 흰색 침구와 어우러져 따스한 분위기를 풍기는 「야콥슨 램프」.

File 06

Serge Mouille (France)
세르주 무이

다양하게 변하는 혁신적인 디자인

은 세공 기술을 공부한 후에 디자인을 시작했다. 도마뱀 머리 같은 갓이 달린 조명 기구들은 그의 사후에 세계적으로 재평가받았다. 지지대와 갓은 각각 각도를 조절할 수 있어 목적에 맞게 사용할 수 있다는 것이 장점이다.

▲ **압도적인 존재감을 자랑하는 조명 기구**
심플한 공간을 지배하는 듯 보이는 강렬한 디자인의 실링라이트. 모빌을 연상시키는 형태에서는 장난기도 엿보인다.

람파데르 투아 뤼미에르
갓을 위로 향하게 해 천장을 비추거나 아래로 향하게 해 테이블 위를 밝게 할 수 있다.

아플리크 뮈랄 뒤 브라 피보타
1954년에 디자인된 상품. 갓과 지지대가 자유자재로 움직여 넓은 범위를 비출 수 있는 이 브래킷은 당시로서는 혁신적인 상품이었다.

팩토리 스타일 램프

01 금속 펜던트

따스한 느낌의 법랑 갓으로 연출한 복고풍 펜던트라이트

심플하고 둥그스름한 갓은 절제된 광택과 소박하고 고풍스러운 분위기로 인기를 끄는 아이템이다. 눈에 확 띄면서 미드센추리, 북유럽, 컨트리, 모던 등 다양한 인테리어에 자연스럽게 어울리는 점도 매력적이다.

포슬린 에나멜드 아이언
램프 블랙
1930년대에 생산된 프랑스의
램프를 복원한 제품.

포슬린 에나멜드 아이언
램프 화이트
심플한 원추형의 갓.
놋쇠 부품에서도 공들인
흔적이 엿보인다.

램프 갓 블루 / 램프 갓 브라운
갓을 교체할 수 있어서 손쉽게 이미지를 바꿀 수 있다. 사이즈는 두 종류.

젤데 실링 램프
오거스탕 블랙(s)

젤데 실링 램프
오거스탕 화이트(s)

프랑스 『젤데_Jiede』의 제품. 사진은 갓의 지름이 16cm인 S 사이즈.
M과 L 사이즈도 있다.

02 JIEDE lamp 『젤데』 램프

심플한 디자인과 기능성이 융합된 프랑스산 데스크 램프

1950년에 디자인된 이래 높은 기능성과 독특한 형태로 스테디셀러 자리를 지켜온 제품. 연결부에 배선이 없기 때문에 지지대를 자주 움직여도 선이 끊어질 염려가 없다.

데스크 램프-클램프 화이트
나사로 상판에 고정하는
클램프 타입.

시그널 데스크 램프 그레이
지금도 장인이 수작업으로
생산하는 제품.

03 GRAS lamp 『그라사』 램프

유명 건축가들의 사랑을 독차지한 데스크 램프의 명작

르 코르뷔지에 등 저명한 아티스트들이 즐겨 썼다는 기능미 넘치는 램프. 나사를 전혀 쓰지 않았으며 용접도 전혀 하지 않은 독자적인 연결 방식이 특징이다.

N205BL-CH
둥그스름한 전등갓에서 복고적인
향수가 느껴진다.

N207BL
자그마한 데스크 램프. 강철,
떡갈나무, 알루미늄으로
만들어졌다.

Lighting Case 01

심플한 가구, 예술품과 싱그러운 화분,
독특한 형태의 조명이 인테리어 포인트가 된다

A씨의집 · 효고현

▲ **예술품으로도 손색없는 덴마크의 명작 조명**
대부분의 물건이나 가구가 직선으로 이루어진 공간에서 곡선이 두드러져 보이는 펜던트라이트. 『르 클린트』의 제품이다. 벽의 패브릭 패널은 『마리메코』사의 원단으로 직접 만든 것.

Living

흑백과 직선으로 이루어진 모던한 인테리어. 조명 4개를 대각선으로 배치하고 모두 높이를 다르게 해 실내에 다채로운 음영을 만들었다.

▲ 소파 옆에는 독서용 플로어 램프

전등의 높이와 각도를 변경할 수 있는 기능적인 플로어 램프. 스테인리스의 질감과 세련된 형태가 멋스럽다. 쿠션이 흰색 소파의 포인트 역할을 한다.

◀ 거실 한구석에는 오랫동안 애용한 플로어 램프

심플한 디자인의 플로어 램프. "코너에 조명을 밝히면 공간에 깊이감이 느껴져요."라는 A 씨. 벽에 비친 식물의 그림자도 인테리어의 일부가 된다.

Dining

▼ 식탁 위에는 3개의 작은 펜던트를 나란히

전등갓은 단순한 정육각형 모양의 백색 유리. 부드러운 빛이 식사할 때의 분위기를 북돋워준다. 식탁의 폭이 넓어서 펜던트 3개를 나란히 달았다.

Bedroom

▼ 직물 갓의 오렌지색 빛

높이와 방향 조절이 가능한 램프는 필립 스탁_Philippe Starck*이 디자인한 「아키문_Archimoon 시리즈」 중 하나. 침대가 낮아서 조명도 바닥에 내려놓았다.

가구의 코디네이트에서 포컬 포인트까지 A 씨의 미적 감각이 구석구석 느껴지는 공간이다. 조명 기구는 감각적으로 디자인이 마음에 드는 것을 골랐다고 한다.
높이를 달리하거나 대각선 방향으로 다는 등 조명 배치에 변화를 주어 실내에 다양한 빛의 조화를 만들어냈다. "식사하고 휴식하고 대화를 나누는 등 가족의 시간을 더욱 알차게 만드는 것도 조명의 역할입니다."라고 A 씨는 말한다.

Lighting Case 02

북유럽 모던과 20세기 복고가 어우러진
따스한 카페 스타일의 인테리어

S씨의 집 · 아이치현

Dining & Kitchen

▲ 아름다운 디자인과 부드러운 빛을
선사하는 펜던트

모자이크 타일이 멋스러운 주방에서 폴 헤닝센의
「PH5 플러스」는 인테리어 포인트 역할을 한다.

▶ 카페처럼 깊이가
느껴지는 조명

이 집의 테마 컬러는 빨강과 초록이다. 색상이 서로 다른 의자가 인테리어 포인트 역할을 한다. 조명이 음영을 만들어 공간에 깊이감이 생겨난다.

"처음에는 스웨덴의 낡은 집처럼 꾸미고 싶었죠. 하지만 제가 좋아하는 것들을 모았더니 저절로 20세기 스타일이 되었어요."라고 말하는 S 씨. 북유럽 명작에서 20세기풍의 유리 전등갓까지, 조명도 국적과 연대가 다르지만 멋지게 어우러졌다. 최근에 푹 빠져 있다는 핸드 드립 커피의 향기가 잘 어울리는 따뜻한 느낌의 인테리어다.

Living

▲ 향수를 불러일으키는 거실 인테리어

편리한 라이팅 레일을 활용해 설치한 조명. 소나무 갓을 씌운 펜던트는 「야콥슨 램프」. 발로 구르는 구식 재봉틀과 고풍스러운 가구 등 복고풍 아이템이 가득하다.

Kitchen

▲ 테마 컬러인 빨강과 초록을 주방에도 적용

펜던트를 낮게 드리워 부엌일에 집중할 수 있게 했다. 바닥에는 회색조의 민트그린 타일과 흰색 타일을 바둑판 모양으로 배열했다. 벽과 주방 문의 흰색이 빨강과 초록을 더욱 돋보이게 한다.

▲ 창가의 테이블도 카페 스타일

컴퓨터와 수예를 즐기는 공간. 카운터는 졸참나무로 만들었고, 가벽은 모자이크 타일로 마감했다. 작은 펜던트 조명 2개는 일부러 디자인이 다른 것으로 골라 코디네이트했다.

TIP!

낮은 위치에 설치한 조명

낮은 곳에서 비치는 따스한 빛을 받으면 마음이 누그러지게 마련이다. 조도를 낮추면 분위기가 더욱 차분해진다.

**취침 전의 휴식 시간에는
석양빛을 연상시키는 조명으로 편안하게**

한낮의 태양을 연상시키는 흰색의 빛은 휴식을 방해한다. 따라서 거실이나 침실 등 심신이 쉬어야 할 곳에는 붉은빛이 감도는 조명을 낮게 설치하도록 한다.

여러 개의 조명으로 풍성해진 인테리어

소형 펜던트 라이트는 방을 아름답게 채색한다

얼음처럼 투명하게 반짝이는 조명

벨기에 브랜드인 『스피리돈_Spiridon』에서 재생 유리로 만든 「히말라야 램프」 3개가 나란히 달려 있다. 불을 켜면 벽과 천장에 반짝이는 빛이 반사된다.

높이차를 주어 늘어뜨려도 멋스럽다

파리의 낡은 아파트가 연상되는 식당. 놋쇠 소켓 램프를 보기 좋게 배열한 감각적인 연출이 돋보인다.

디자인이 다른 램프를 설치한 고급 기술

낡은 문과 캐비닛 등의 앤티크를 활용해 리뉴얼한 공간이다. 일부러 디자인이 각기 다른 펜던트를 코디네이트했다.

심플한 공간에 조명으로 포인트

다운라이트를 기본 조명으로 확보한 후, 주방과 식당에 고풍스러운 펜던트를 추가했다. 장식용 들보가 내추럴한 느낌을 더한다.

개성적인 디자인의 소형 펜던트가 속속 발매되고 있다. 펜던트는 애호가가 많은 카페 스타일 인테리어에도 잘 어울리는 아이템이다.

소형 펜던트는 단독으로 써도 좋지만 여러 개를 함께 사용하면 리드미컬한 인상을 주어 인테리어가 화려해진다. 단, 하나만으로는 충분한 광량을 얻을 수 없어 여러 개를 달아야만 생활에 불편함이 없는 빛을 얻을 수 있다. 낮에는 펜던트 자체의 디자인을 즐기고 밤에는 여러 개의 펜던트가 자아내는 환상적인 하모니를 만끽하자.

Part 7

주방 가구 선택과 배치 기본 레슨

매일의 식사와 건강을 책임지는 공간인 주방은
우리 생활의 핵심 공간이라고 해도 과언이 아닙니다.
Part 7에서는 주방 가구의 배치와 사이즈에서부터
주방을 구성하는 각 요소의 종류와 선택법,
시스템 주방 가구까지 최신 정보를 알기 쉽게 정리하였습니다.

생활 방식과 기능성을 고려한 인테리어

주방 가구의 배치와 사이즈

Lesson 1 Kitchen

아침저녁 식사 시간을 막론하고 집 안에서 가장 큰 비중을 차지하는 장소는 바로 주방입니다. 가족의 생활 방식에 알맞는 주방 가구를 찾기 위한 기본 지식에 대해 알아보겠습니다.

Theme 1 주방 가구의 배치

주방 가구 배치의 기본

I형

| 좋은 점 | 주의할 점 |
공간이 절약되며 옆으로만 이동해 작업할 수 있다. | 주방 가구가 너무 길어지면 동선도 길어져 불편하다.

L형

| 좋은 점 | 주의할 점 |
동선이 짧아서 효율적이다. | 구석진 곳의 수납 효율이 떨어진다.

II형
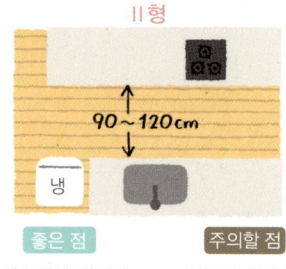
90~120cm
| 좋은 점 | 주의할 점 |
개수대와 레인지 옆으로 넓은 조리대를 확보한다. | 옆으로 이동은 줄어들지만 뒤를 자주 돌아보게 된다.

U형
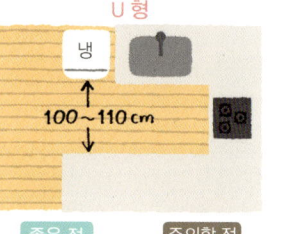
100~110cm
| 좋은 점 | 주의할 점 |
조리대가 넓어서 작업이 편리하다. | 출입을 원활하게 하려면 일정한 통로 폭을 확보해야 한다.

아일랜드형

| 좋은 점 | 주의할 점 |
모든 방향에서 작업할 수 있어서 다른 사람도 조리에 참여할 수 있다. | 주위에 상당한 공간이 필요해 넓은 집에 적합하다.

페닌슐라형

| 좋은 점 | 주의할 점 |
한쪽 면을 벽에 붙이므로 좁은 집에도 알맞다. | 카운터가 너무 길어지면 돌아서 나가기 어렵다.

주방의 면적과 요리 작업 스타일을 확인하자

주방의 배치는 유형이 다양하다. 따라서 주방을 설계할 때는 주방 공간의 면적과 조리하는 순서, 주방과 거실·식당의 연계를 잘 생각해야 한다.

좁은 주방에서 공간을 절약하려면 가구를 벽에 붙여 쓰는 I형이 가장 좋다. 그러나 식기장이나 식품고 등 수납공간의 위치를 제대로 선정하지 못하면 부엌일이 불편해질 수 있고 수납공간이 부족하면 물건을 보관할 곳이 없어서 주방이 어수선해지기 쉽다. 그리고 식기장이 주방과 너무 멀면 동선이 길어져서 작업 효율이 떨어진다. 또한 I형의 경우 가로로 너무 길면 좌우로 움직이는 동선이 길어서 불편해진다. I형과 U형은 짧은 동선으로 작업할 수 있고 조리대도 넓어진다는 장점이 있다. 아일랜드형은 공간의 중앙에 카운터를 배치하는 방식으로 넓은 공간이 필요하지만, 네 방향에서 작업할 수 있기 때문에 파티를 자주 여는 집에 적합하다.

Theme 2 주방 가구의 크기

조리대는 넓을수록 편리하고 높이는 키에 맞아야 편하다

조리대가 좁으면 작업하기 불편하다. 레인지와 개수대 주변에도 충분한 작업 공간이 필요하지만 개수대와 레인지, 냉장고의 간격이 너무 길어도 좋지 않다. 이 세 지점의 중심을 직선으로 연결하면 삼각형이 생기는데, 이 삼각형의 모든 변의 길이가 두 걸음을 넘지 않아야 편리하다. 또한 조리의 흐름을 고려해 냉장고 → 개수대 → 레인지 순으로 배치하는 것이 효과적이다.

조리대 상판의 높이는 키에 맞추는 것이 일반적이며, 자신의 키에 맞게 만들어야 피로감 없이 작업할 수 있다. 조리대의 깊이는 대개 65cm다. 리뉴얼할 때 많이 설치하는 60cm 타입은 좁은 주방에 적합하며, 좀 더 깊어야 하는 대면식 주방은 비교적 좁은 공간에도 설치할 수 있는 75cm 타입과 가벼운 식사용 카운터까지 겸하는 100cm 타입 등 종류가 다양하다.

편리한 주방 가구의 사이즈

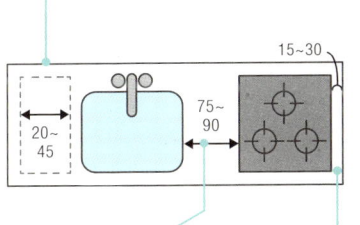

식기 건조대를 두거나 식기세척기를 설치할 공간을 미리 고려한다. 식기세척기는 개수대 오른쪽에 설치해도 무방하다.

이보다 좁아지면 조리대 깊이를 길게 하거나 창에 턱을 만들어서 물건을 올려놓는 등 여분의 공간을 확보해야 한다.

레인지와 그 옆의 벽 사이에는 최소한 15cm의 공간이 필요하다. 냄비를 놓는다면 30cm 정도가 필요하다.

조리대 상판의 높이는 신장(cm)×0.5+5(cm)가 가장 알맞다. 현재 사용하는 주방 가구의 높이를 재어 보고, 필요에 따라 그보다 약간 높이거나 낮추어 자신에게 맞게 제작하는 것도 괜찮다.

주방의 삼각 동선

레인지, 개수대, 냉장고의 중심을 연결한 삼각형을 주방의 삼각 동선이라고 한다. 이것이 정삼각형에 가까울수록 편리한 주방이며, 한 변의 길이가 두 걸음을 넘지 않고 세 변의 합이 3m 60cm~6m 사이여야 한다.

▲ 조리 중 어수선한 모습을 가려 주고, 상차림과 뒷정리를 깔끔하게 할 수 있는 주방 가구

개수대 앞에 식기 건조대가 설치된 깊이 98.5cm의 대면식 주방. 깊이 약 34cm의 카운터 덕분에 상차림도 편하다.

▲ 아침 식사를 할 때나 간식을 먹을 때 편리한 대형 카운터

조리대 깊이는 100cm. 아이들이 앉아서 숙제하기도 편하고, 카운터에 둘러앉아 간단한 파티도 열 수 있어서 좋다.

▲ 설치도 사용도 간편한 콤팩트형 오픈 주방

조리대 깊이가 75cm인 작은 조리대. 마주 보며 조리할 수 있어 편리하다.

Lesson 2
Kitchen

마음에 쏙 드는 아이템으로 쾌적한 조리 공간

주방 가구 선택의 기본 지식

주방은 개수대와 레인지, 수납장 등 다양한 가구들이 모여 있습니다.
기능과 디자인을 꼼꼼하게 따져서 최고의 제품을 고를 수 있도록 합니다.

Item 01

조리대 상판

인테리어 효과가 높은 인조대리석과 튼튼한 스테인리스

조리대 상판 또는 카운터 상판의 소재는 스테인리스와 인조대리석이 일반적이다. 스테인리스는 열과 수분에 강하며 튼튼하고 손질도 쉽다. 또한 대개 흠집이 생겨도 눈에 잘 띄지 않도록 하는 헤어라인* 또는 엠보스 가공*이 되어 있다. 개수대와 조리대 상판을 일체로 제작한 경우에는 이음매가 없어서 때가 끼지 않고 손질도 간편하다.
맞춤 주방의 경우에는 화강암이나 천연목, 타일 등으로 상판을 마감하는 경우도 있다.

▲ **심미성과 내구성을 겸비한 인조대리석**

「클린업_Clean up」에서 독자적으로 개발한 인조대리석 '아크리스톤'은 열에 잘 변색되지 않아 아름다운 색감이 오래 지속된다.

▲ **수분과 열에 강한 스테인리스 상판**

스테인리스는 오염에 강하고 튼튼하다. 사진의 제품에는 흠집을 감춰주는 가공이 되어 있다.

Item 02

문과 손잡이

인테리어에 맞게 다양하게 선택할 수 있다

시스템 주방을 선택할 경우, 대개 시리즈별로 수납장 본체는 공통되고 문과 조리대 상판, 설비 기기 등을 고를 수 있다. 그리고 그 선택에 따라 가격에 큰 차이가 생긴다.
합리적인 가격대의 문은 대부분 기본재인 합판에 색과 무늬가 인쇄된 시트를 접착한 후 오염 방지 가공을 한 것이다. 손잡이는 시리즈별로 문의 디자인에 맞춰 다양한 상품이 준비되어 있다.

◀ **내추럴한 공간에 어울리는 부드러운 원목무늬의 주방**

배나무 원목무늬 시트를 붙이고 경면(鏡面) 가공을 한 문. 튀어나온 손잡이가 없어 부딪칠 염려가 없다.

▲ **컨트리 스타일의 액자처럼 디자인된 문**

액자처럼 디자인한 연한 색의 문과 세련된 손잡이. 컨트리 스타일의 인테리어에 잘 어울린다.

Item 03

개수대 · 수도꼭지

청소가 간편하고 물소리가 조용한 기능적인 개수대 등장

개수대 소재로는 튼튼하고 손질이 간편한 스테인리스가 대표적이다. 한편 연한 파스텔 색을 입힌 인조대리석은 주방 인테리어를 다채롭게 한다. 참고로 최근 개수대는 큰 냄비도 편하게 씻을 수 있는 큰 사이즈가 일반적이다. 요즘은 배수구까지 일체로 제작해 청소가 간편한 제품, 물소리를 줄인 제품도 판매되고 있다.

수도꼭지는 한 손으로 조작할 수 있는 싱글 레버 타입이 인기다. 호스를 잡아 뺄 수 있는 핸드 샤워 타입은 개수대를 닦을 때 편리하다. 거위 목처럼 생긴 구스넥 타입은 수도꼭지가 높아서 속이 깊은 냄비를 씻을 때 편리하다.

◀ **배수구 이음매가 없어서 청소가 매우 편한 디자인**
오염이나 흠집에 강한 에폭시 수지로 만든 개수대. 개수대와 배수구, 조리대가 모두 일체라서 틈새가 전혀 없다.

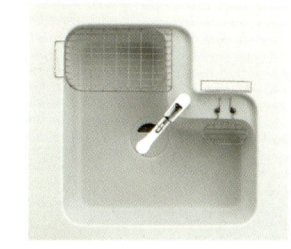

◀ **대면식 주방에 최적인 마주 보고 일하는 개수대**
V자 모양의 대용량 개수대. 마주 보며 일할 수 있도록 수도꼭지가 배치되어 아일랜드형 주방에 최적.

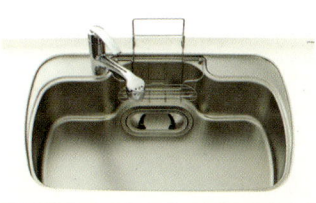

◀ **물소리가 대화를 방해하지 않도록 개발된 저소음형 개수대**
개수대 내부의 진동 제어 장치가 물 튀는 소리를 줄여 도서관처럼 조용한 「미(美) 사일런트 싱크」. 저소음형 샤워기도 있다.

▲ **고전적인 디자인의 크로스 핸들**
핸들을 돌리는 느낌이 아주 부드러운 수도꼭지.

▲ **곡선이 아름다운 구스넥 타입**
헤드를 잡아 뺄 수 있는 독일제 수도꼭지.

▲ **손을 가까이 대면 물이 나오고 손을 떼면 그치는 수도꼭지**
센서가 달려 있어서 수도꼭지를 청결하게 유지하고 물도 절약할 수 있는 장치.

▲ **정수기가 내장된 모던한 수도꼭지**
원터치로 정수와 수돗물을 전환할 수 있다.

Item 04

식기세척기

▶ **수저 트레이로 수납이 더욱 쉬워졌다**
세척 용량은 최대 14인분. 폭은 60cm인 독일제 식기세척기이다.

식기 투입이 편리한지, 세척 용량은 얼마나 되는지 확인

조리대 위에 올려놓는 탁상형 식기세척기도 있지만, 조리대를 넓게 쓰려면 되도록 빌트인 타입을 설치하는 것이 좋다.

서랍식 세척기는 선 채로 식기를 넣고 뺄 수 있어 편리하며, 기능성이 뛰어나고, 견고한 수입 제품 중에는 문을 앞으로 당겨서 여는 타입도 많으니 참고하자.

구입할 때는 용량을 반드시 확인해야 한다. 또 오픈형 주방이라면 저소음형을 선택하자.

Item 05
레인지

안전성과 청소 편의성, 디자인까지 뛰어난 제품들

가스레인지는 자동 가스 차단 장치나 기름 과열 방지 장치 등 안전 기능이 잘 갖춰진 것이 좋다. 다행히 최근에 나오는 제품은 불꽃이 겉으로 거의 드러나지 않는 플레이트 타입이어서 청소도 훨씬 간편해졌다.

레인지 중 IH 쿠킹 히터는 자력선의 작용으로 냄비 자체가 발열해 식재에 열을 전달하는 장치다. 열효율이 좋고 불꽃이 없으므로 공기를 오염시키지 않아 안전하고 건강에도 좋다. 또 상승기류가 적어서 주위에 많은 양의 연기를 퍼뜨리지 않기 때문에 오픈형 주방에도 적합하다.

한편 레인지에 달려 있는 그릴은 양면에서 열을 가하는 방식이 대부분이다. 고급 기종의 그릴 중에는 더치 오븐*을 그릴 안에 넣어서 조리할 수 있게 만든 것도 있다.

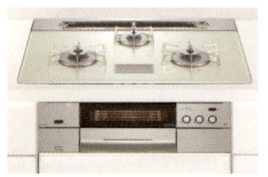
▲ **상판의 액정표시가 조리를 돕는다**
화력을 자동으로 조절하는 '면 삶기 모드'를 비롯한 신기능이 잘 갖춰져 있다.

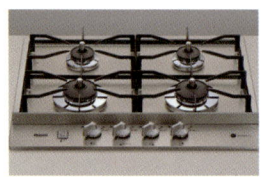
▲ **녹슬지 않는 스테인리스에 전면 삼발이를 사용해 냄비 이동 편리**
그릴을 없애고 점화 스위치를 위쪽에 달아서 수납공간을 넓혔다.

▲ **석쇠가 없어 청소가 간편한 그릴이 탑재된 레인지**
상판이 평평해서 손질이 간편하다. 물이 끓어 넘쳐 불이 꺼질 염려가 없고 복사열도 적은 IH 방식. 새로 개발된 그릴을 적용해 더욱 편리하다.

Item 06
레인지후드

배기 성능이 뛰어나고 청소가 편한 것이 좋다

레인지후드는 팬의 종류에 따라 프로펠러 팬 타입과 시로코 팬* 타입으로 나뉜다. 프로펠러 팬 타입은 뒷면이나 옆면을 통해 밖으로 직접 배기할 수 있는 곳에 설치해야 한다. 반면에 시로코 팬 타입은 덕트를 통해 배기하므로 설치 장소를 자유롭게 선택할 수 있어서 대면식이나 아일랜드형 주방에 적합하다. 프로펠러 팬은 외풍의 영향을 받기 쉽다는 단점도 있어서 2층에 있는 주방 등에서 바람이 강하게 불 경우 역시 시로코 팬이 낫다.

레인지후드를 고를 때는 청소 편의성, 배기 성능, 운전 소음 등을 확인하자. 특히 오픈식 주방에는 배기 성능이 강하고 소음이 적은 것이 좋다.

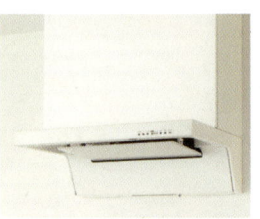
▲ **필터를 자동으로 세척해 청소하는 수고를 대폭 줄여주는 제품**
급수 탱크에 물(35~45℃)을 채우고 스위치를 켜면 필터를 자동으로 세척한다.

▲ **독자적인 흡입 방식과 손질의 간편함이 장점**
연기를 강력하게 빨아들이며 흡입구의 필터는 기름때가 끼는 것을 방지한다.

▲ **사용할 때만 자동으로 나타나는 레인지후드**
쓰지 않을 때는 레인지후드를 보이지 않는 곳에 숨겨둔다. 필터가 없는 타입이라 손질도 간편하다.

Item 07

주방 수납장

**물건의 사용 빈도와 무게에 알맞은
수납 가구를 선택한다**

수납 가구를 고를 때는 물건의 사용 빈도와 무게를 고려해 가구의 크기와 위치, 문의 형태, 수납 부품을 선택해야 한다. 주방 하부 수납장은 예전에는 여닫이 타입이 많았지만 최근에는 서랍식이 인기다. 여닫이보다 비싸지만, 선 채로 물건을 꺼낼 수 있고 구석에 있는 물건도 넣고 빼기 쉬운 것이 장점이다.

또 상부 수납장은 상하로 긴 것과 짧은 것 등 형태가 다양하다. 상부 수납장을 전동으로 올렸다 내렸다 할 수 있게 만들면 물건을 넣고 빼기 훨씬 편해지고 수납 공간도 더 효율적으로 활용할 수 있다.

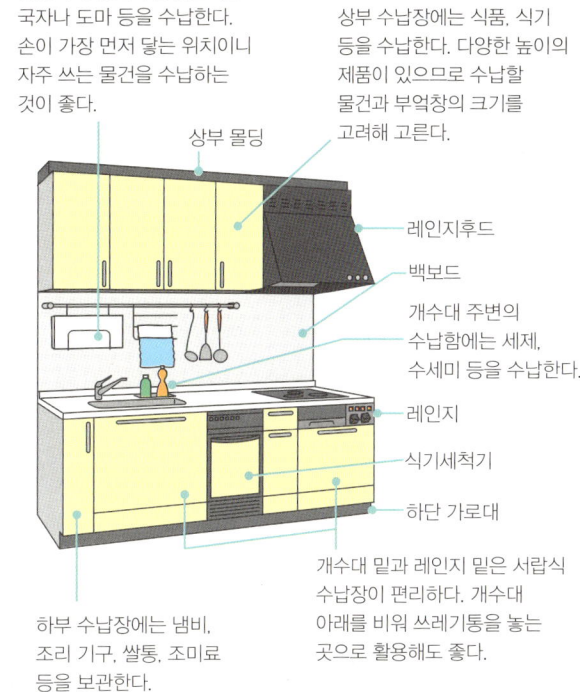

주방 가구의 명칭

눈높이에 있는 수납공간에는 국자나 도마 등을 수납한다. 손이 가장 먼저 닿는 위치이니 자주 쓰는 물건을 수납하는 것이 좋다.

상부 몰딩

상부 수납장에는 식품, 식기 등을 수납한다. 다양한 높이의 제품이 있으므로 수납할 물건과 부엌창의 크기를 고려해 고른다.

- 레인지후드
- 백보드
- 개수대 주변의 수납함에는 세제, 수세미 등을 수납한다.
- 레인지
- 식기세척기
- 하단 가로대

개수대 밑과 레인지 밑은 서랍식 수납장이 편리하다. 개수대 아래를 비워 쓰레기통을 놓는 곳으로 활용해도 좋다.

하부 수납장에는 냄비, 조리 기구, 쌀통, 조미료 등을 보관한다.

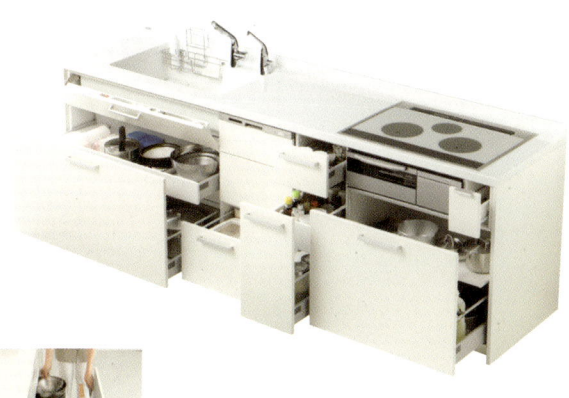

◀ **조리 중 바로 당겨서 열 수 있는 편리한 서랍**
선 채로 필요한 물건을 꺼낼 수 있는 기능적인 수납장. 개수대 밑의 서랍은 한꺼번에 안쪽의 작은 서랍까지 열리는 2중 구조로 되어 있다.

◀ **대량의 식품을 깔끔하게 수납**
상단, 하단을 용도별로 나누어 사용할 수 있도록 만들어진 제품. 하단에는 통기 장치가 되어 있어서 근채류도 수납할 수 있다.

◀ **눈높이의 수납공간을 사용자 스스로 디자인한다**
봉에 거는 랙을 자유롭게 선택할 수 있는 제품. 랙은 행주용과 양념용 등 다양한 종류가 나와 있다.

◀ **버튼을 누르면 수납장이 상하로 이동한다**
보관된 물건을 꺼내기 편한 위치로 이동하는 편리한 수납장. 용도별로 두 종류가 있다.

Lesson 3 Kitchen

라이프스타일에 꼭 맞는 공간 배치

주방 설계에 관한 기본 레슨

집을 짓거나 수리하기 위해 주방 설계를 할 때는 주방 하나만 생각할 것이 아니라 주방과 거실, 식당의 연계까지 생각해야 합니다.

Planning 01 오픈형 주방

조리하면서 바깥 풍경을 바라보거나
가족과 대화를 나눌 수 있는 개방적인 주방

기시모토 씨의 집 · 오사카부

▲ **수납공간을 충분히 확보해 아름답게 완성한 인테리어**
벽면의 수납장은 문을 생략해 비용을 절감했다. 거실에 면한 주방 카운터의 수납장 문에는 서리유리를 달아 내용물이 훤히 들여다보이지 않도록 했다.

거실, 식당, 주방이 원룸인 집.
주방은 집안일을 하면서 바깥 풍경을
감상할 수 있도록 디자인했다.

▼ **집의 입지를 활용한 오픈형 주방**
오른쪽 창밖으로 녹지가 펼쳐진 매우 좋은 입지. 라이팅 덕트에 설치한 여러 개의 조명은 기능적인 동시에 아름답다.

▲ 동선을 단축하고 작업대를 넓힌 L형 주방
문은 원목 스타일의 멜라민, 조리대는 인조대리석이다. 사각형의 스테인리스 개수대와 레인지후드로 내추럴 모던 스타일을 완성했다.

▲ 가족과의 소통도 즐겁다
식탁을 주방에 딱 붙이니, 조리하면서 가족과 교류할 수 있게 되고 상차림과 뒷정리도 수월해졌다.

오픈형 주방 설계의 포인트

한정된 공간을 살려 가족과의 대화 공간을 만든다

거실, 식당, 주방 사이에 칸막이를 두지 않고 원룸으로 만든 구조. 각 공간이 독립되는 설계보다 공간이 절약되고 여유로운 확장감까지 느낄 수 있다는 이유로 최근 오픈 주방이 인기다.

주방 배열 면에서는 Ⅰ형을 벽에 붙이는 방식이 공간을 가장 절약할 수 있다. 거실·식당·주방의 면적이 충분하다면 대면형 또는 아일랜드형을 선택해도 좋다. 대면형의 경우, 조리대의 거실과 식당 쪽에 한 뼘 높이의 카운터를 설치하면 개수대의 물이 식당 쪽으로 튀는 것을 방지하고 거실과 식당에서 조리 중 어수선한 모습을 볼 수 없게 된다.

조리할 때 발생하는 연기가 거실 쪽으로 퍼지는 것을 막으려면, 성능이 뛰어난 레인지후드를 설치하고 레인지 앞에 유리 스크린을 설치하면 된다.

이것이 좋다!
- 작은 집에 설치해도 넓고 쾌적하게 생활할 수 있다.
- 개방적이고 통풍이 잘되며 밝은 주방을 만들 수 있다.
- 조리하면서 가족과 대화를 나눌 수 있다. 어린아이가 있는 집에 좋다.
- 가족이 조리에 참여하기 편하다. 키친 파티도 즐길 수 있다.

이것은 주의!
- 조리 시 발생하는 냄새와 연기가 거실 쪽으로 퍼지는 것을 막으려면 성능이 좋은 레인지후드가 필요하다.
- 저소음형 개수대, 식기세척기, 레인지후드를 선택해 거실에서의 휴식을 방해하지 않도록 해야 한다.
- 거실과 주방 인테리어를 통일하고 수납공간을 충분히 마련한다.

설계 예시

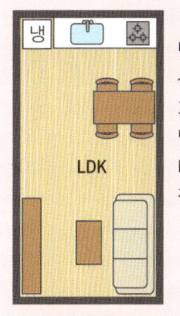

Ⅰ형 주방을 벽에 붙인 배치. 상대적으로 거실이 넓어지므로 비교적 좁은 집에 적합하다.

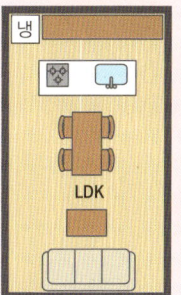

아일랜드형 주방. 네 방향에서 작업할 수 있는 것이 장점이지만 동작과 이동에 필요한 공간을 확보해야 하므로 넓은 집에 적합하다.

Planning 02
세미오픈형 주방

페인트 벽으로 둘러싸인 세련된 카페 같은 주방

오오타 씨의 집 · 이바라키 현

▲ **내추럴한 소재로 코디네이트**

목재처럼 보이는 흰색 수납장 문과 대리석 바닥이 차분하고 내추럴한 분위기를 자아낸다. 주방 양쪽 끝 두 방향에 출입구를 만들어 원활한 동선을 유도한 회유*식 설계.

▲ **주방의 어수선함을 배제하면서 적당한 연속성을 부여한 공간**

주방과 거실은 벽에 난 실내창을 통해 연결된다. 거실에서 주방 내부가 훤히 들여다보이지 않지만 대화는 원활하게 할 수 있는 설계.

세미오픈형 주방을 둘러싸듯 거실과 식당을 L형으로 배치한 설계.

세미오픈형 주방 설계의 포인트

거실에서는 어수선한 주방을 볼 수 없지만 조리하는 사람은 거실을 볼 수 있다

거실·식당과 주방의 경계가 되는 벽에 실내창을 설치해서 두 공간을 적당히 분리한 설계. 창이 클수록 두 공간이 긴밀해져서 오픈 주방 같은 분위기가 나고 창이 작을수록 각 공간의 독립성이 커진다.

개수대가 설치된 주방 카운터는 창 너머로 거실과 식당을 살필 수 있도록 거실 쪽으로 붙여 놓아서 대면식 주방처럼 사용한다. 창에 문을 달면 주방은 한층 독립된 공간이 된다. 또 거실 쪽 창문 앞에 카운터를 붙여 놓으면 가벼운 식사 때나 상을 차릴 때 편리하게 이용할 수 있다.

이것이 좋다!

- 주방과 거실, 식당에 적당한 독립성과 연속성이 생긴다.
- 실내창을 통해 거실과 식당에 있는 가족이 교류할 수 있다.
- 거실에서는 주방을 들여다볼 수 없으므로 어수선한 인상을 받지 않는다.

이것은 주의!

- 조리할 때 발생하는 오염물이 오픈 주방에 비해 거실과 식당에 적게 튄다. 다만, 냄새와 연기가 퍼지는 것은 어쩔 수 없으므로 성능이 좋은 레인지후드를 설치해야 한다.
- 창이 작으면 주방이 어두워지기 쉬우니 창 설계에 주의하자. 주방 뒷문을 유리로 하는 것도 좋은 방법이다.

설계 예시

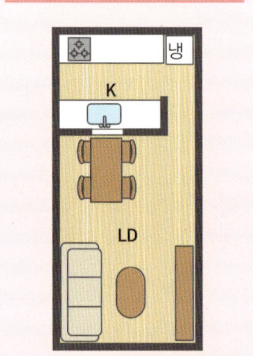

거실·식당과 주방의 경계가 되는 칸막이벽에 실내창을 냈다. 개수대가 있는 카운터는 거실을 향해 있어서 대면식으로 사용한다. 창을 통해 주방과 거실·식당이 적당히 연결된a다.

Planning 03
폐쇄형 주방

거실·식당·주방을 분리해 서로 다른 분위기를 즐긴다

S 씨의 집 · 지바 현

▲ **문틀을 생략한 깔끔한 출입구**
주방 출입구는 벽을 잘라낸 듯한 디자인으로 틀이 없어서 깔끔해 보인다. 거실과 식당 바닥은 소나무로, 주방 바닥은 타일로 마감해 변화를 주었다.

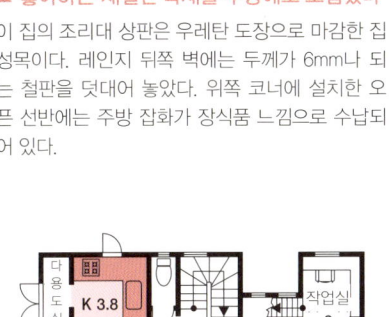

▲ **좋아하는 재질인 목재를 주방에도 도입했다**
이 집의 조리대 상판은 우레탄 도장으로 마감한 집성목이다. 레인지 뒤쪽 벽에는 두께가 6mm나 되는 철판을 덧대어 놓았다. 위쪽 코너에 설치한 오픈 선반에는 주방 잡화가 장식품 느낌으로 수납되어 있다.

식당 옆에 주방을 배치한 집. 주방에 다용도실을 연결해 가사 동선을 단축했다.

폐쇄형 주방 설계의 포인트

주방이 독립되어 차분하게 조리할 수 있다

주방과 거실, 식당이 분리된 설계. 주방의 어수선한 모습을 드러내기 싫어하는 사람이나 조리에 전념하고 싶은 사람, 어려운 손님이 많이 찾아오는 집에 적합하다.

단, 주방이 좁으면 폐쇄감과 압박감이 느껴지므로 여유 있게 음식을 만들려면 집이 넓어야 한다. 폐쇄형 주방을 최대한 넓어 보이게 하고 싶다면 주방 문이나 바닥, 벽 등을 밝은 색으로 마감하자. 바깥으로 돌출된 형태의 창을 달아도 공간이 실제보다 넓게 느껴진다.

이것이 좋다!
- 차분하게 조리와 정리에 전념할 수 있다.
- 조리할 때 발생하는 오염과 냄새, 연기, 소리 등이 거실에 비교적 전달되지 않는다.
- 거실과 식당에서는 어수선한 모습이 보이지 않아 깔끔하고 아름답게 생활할 수 있다.

이것은 주의!
- 가족의 대화에 함께하지 못하므로 조리하는 사람이 고립감을 느낄 수 있다.
- 주방이 좁으면 답답해질 수 있으니 주방 문이나 벽, 바닥재 등을 밝은색으로 마감하자. 채광과 환기를 위해 창을 면밀히 설계하는 것이 좋다.
- 손수레가 있으면 식당에 상을 차리고 치우기 편하다.

설계 예시

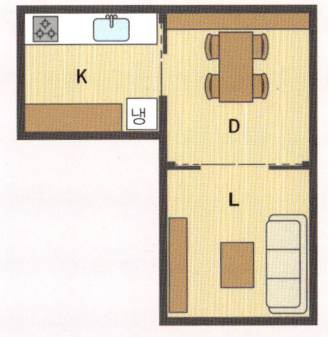

거실, 식당, 주방을 각각 독립시키고 칸막이로 미닫이를 설치했다. 미닫이를 열거나 닫으면 각 공간이 분리되거나 합쳐질 수 있다. 이 집처럼 건물이 정원을 L자형으로 둘러싸면 창을 많이 낼 수 있어서 채광과 통풍이 원활해진다.

신기능과 디자인에 반한다
최신 시스템 주방 카탈로그

시스템 주방은 쾌적성과 심미성을 추구하며 해마다 진화를 거듭하고 있습니다.
최신 트렌드를 파악해 자신에게 가장 알맞는 주방을 만들어보세요.

Kitchen 01
TOTO
토토

사람의 움직임과 물의 흐름을 철저히 연구해 작업 효율을 높이고 절수 효과를 노렸다

요리의 순서와 사람의 움직임을 연구해 작업 효율화와 친환경까지 실현한 주방. 수납장은 필요한 물건을 바로 꺼낼 수 있도록 설계했다. 넓은 샤워 헤드에서 물이 나오는 수도꼭지와 배수성이 좋은 개수대로 작업을 효율화하고 절수 효과도 높였다. 싱크대의 유형 역시 벽에 붙이는 타입, 대면형, 아일랜드형 등 다양하게 선택할 수 있다.

▲ 폭 274cm의 I형 주방으로 흑백의 대조가 두드러진 수납장의 배색이 신선하다. 심플한 손잡이와 보이지 않는 곳에 집어넣을 수 있는 레인지후드 등으로 가로선을 강조해 스타일리시하게 꾸몄다.

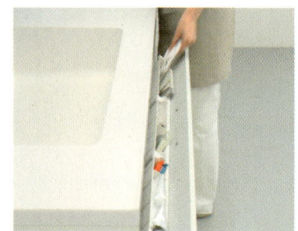

소형 도구는 개수대 앞 포켓에 수납
소형 조리 도구용으로 개발된 포켓. 필요한 물건을 바로 꺼내 쓸 수 있어 매우 편리하다.

서랍식 수납장으로 간편하게
조리대 하부 수납장 서랍은 보관할 물건의 크기에 맞추어 높이를 조절할 수 있다.

가늘고 넓은 물줄기로 물 절약
이 수도꼭지는 큰 냄비를 씻을 때 편리하다. 싱크대 역시 물의 흐름이 좋고 개수대가 넓다.

토토 도쿄콜라보레이션 전시장
도쿄 도 시부야 구 요요기
2-1-5 JR 미나미신주쿠빌딩 7~8층
영업시간 10:00~17:00
휴업일 수요일
www.toto.co.jp

Kitchen 02

YAMAHA
야마하 리빙테크

조리 중 어수선한 모습을
가려 주는 하이백 카운터
도마 걸이나 양념 랙 등 행거 타
입 수납 소품을 걸어 놓을 수도
있다.

▲ 폭 257.88cm의 I형 주방으로 배경색에는 크림색을, 강조색으로는 빨간색을 쓴 모습이 인상적이다.

나만의 주방을 만들 수 있는 폭넓은 색상

인조대리석 카운터는 총 10가지 색상이 나와 있다. 또한 수납장 문은 114가지 색을 입힌 후 경면 가공한 제품이 있다. 대면 주방을 더욱 쾌적하게 만들어줄 '하이백 카운터'는 조리대 앞쪽의 칸막이 부분까지 인조대리석 카운터와 일체로 성형해 청결성을 더욱 높였다.

여유로운 수납공간과 카운터로 편리하다
하부 카운터 깊이가 50cm나 되어 대형 전자레인지까지 수납할 수 있다. 위로 열리는 접이식 문이 달린 수납장은 문을 열어 놓은 채 사용할 수 있어서 편리하다.

야마하 리빙 신주쿠 전시장
도쿄도 시부야 구 요요기
2-11-15 Tokio Marine Nichido
빌딩 1층
영업시간 10:00~17:00
휴업일 수요일
www.yamaha-living.co.jp

Kitchen 03

CLEANUP
클린업

▶ 페닌슐라형 주방의 스테인리스 수납장 문 겉면에는 밀라노에서 유행하는 거친 나뭇결무늬 시트를 붙였다.

스타일리시하고 기능적인 주방
뒤쪽 벽면에는 식기와 식기류를 대량 수납할 수 있는 심플한 수납장을 배치했다.

튼튼하고 손질이 간편한 스테인리스 수납장

스테인리스는 수분과 열에 강하고 곰팡이나 악취가 거의 발생하지 않아 물을 쓰는 곳에 안성맞춤인 소재다. 또한 손질이 간편하고 내구성이 좋을 뿐만 아니라 재활용까지 할 수 있는 친환경 소재이기도 하다. 이 제품은 수납장에도 스테인리스를 사용해 발밑에서부터 상부까지 기능적인 수납공간을 완성하였다.

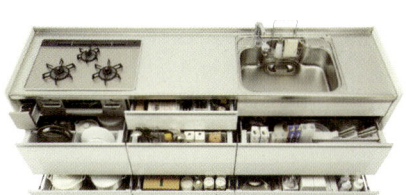

완전히 열리는 대용량의 서랍식 수납장
맨 아래까지 수납공간으로 알차게 활용한다. 끝까지 당겨서 열 수 있는 풀 익스텐션 레일을 도입해 맨 안쪽의 물건도 쉽게 넣고 뺄 수 있다.

클린업 신주쿠 전시장
도쿄 도 신주쿠 구 니시신주쿠 3-2-11
신주쿠 미쓰이빌딩 2호관 1층
영업시간 10:00~17:00
휴업일 수요일
www.cleanup.jp

Kitchen 04
SUNWAVE (LIXIL)
선웨이브(릭실)

▲ 폭 255cm의 I형 주방으로 손잡이가 없는 심플한 문과 밑으로 바람과 빛이 통하도록 공중에 뜬 것처럼 만든 디자인이 인상적이다.

유지·보수가 편리한 뛰어난 프레임 구조의 시스템 주방

시공 정밀도와 내구성이 뛰어난 알루미늄 프레임 구조를 사용했다. 부품을 수입해서 국내에서 조립해 판매하므로 주방 설치 후에도 문과 서랍 등을 교체할 수 있다. 나중에 레인지와 식기세척기 등을 최신 제품으로 교체할 수 있어서 오랫동안 새것처럼 사용할 수 있다.

수입 부품을 직접 조립해 판매해 부품의 조립과 분리가 간편하다
프레임은 튼튼한 알루미늄. 아이템을 여러 번 교체하거나 조립해도 나사 구멍이 전혀 손상되지 않아 언제나 튼튼하다.

LIXIL 도쿄 전시장
도쿄 도 신주쿠 구 니시신주쿠 8-17-1 스미토모 부동산 신주쿠그랜드타워 7층(접수처)
영업시간 10:00~17:00
휴업일 수요일
http://showroom-info.lixil.co.jp/tokyo/lixil_tokyo/

Kitchen 05
NORITZ
노리츠

▶ 폭 274cm의 아일랜드형 주방은 가족과 친구들이 많이 모이는 집에서 중심적인 공간이 된다.

첨단 기기를 사용한 쾌적한 주방
레인지후드는 연기와 냄새를 강력하게 흡입하고 공기를 옆으로 분출하는 에어커튼 타입.

준비 작업에서 뒷정리까지 원활하게 할 수 있는 설계

길쭉한 물건을 세로로 수납하도록 만든 '세로 도구 BOX'는 선 채로 조미료나 도구를 꺼낼 수 있어서 편리하다. '아크리드 스퀘어 싱크'에는 큰 냄비까지 여유롭게 수납할 수 있으며, 식기건조대와 두 개의 수납 포켓을 두어 부엌일의 효율을 높였다.

노리츠 도쿄 전시장 NOVANO
도쿄 도 신주쿠 구 니시신주쿠 2-6-1 신주쿠 스미토모빌딩 1층
영업시간 10:00~17:00
휴업일 수요일
www.noritz.co.jp

Kitchen 06

PANASONIC
파나소닉

▲ 폭 262.8cm의 아일랜드형 주방은 식당과 주방을 완만하게 분리해주는 스마트 스텝 대면 설계하였다.

친환경 기능과 새로운 설계를 도입해 더욱 쾌적한 부엌

'트리플 센서 수전'* 외에 IH 쿠킹 히터와 식기세척기 등에도 에코나비*를 탑재해 에너지 절약 성능을 높였다. '스마트 스텝 대면 설계'는 거실에 주방의 어수선함을 감추기 위해 설치하는 카운터 안에 LED 조명과 가전용 콘센트 등을 매립한 신개념 제품이다.

조리대 위를 살짝 가리는 카운터 안 숨어 있는 새로운 기능들
새로 개발된 스마트 스텝 대면 설계. 카운터 안쪽에 트리플 와이드 IH 쿠킹 히터와 대용량 수납장이 설치되어 있다. 에너지를 절약해줄 뿐만 아니라 손질까지 간편해 주방을 더욱 쾌적하게 만들어주는 제품이다.

파나소닉 리빙 도쿄 전시장
도쿄 도 미나토 구 히가시신바시 1-5-1
영업시간 10:00~17:00
휴업일 수요일
sumai.panasonic.jp/kitchen

Kitchen 07

TOYO KITCHEN & LIVING
토요 키친 앤 리빙

▶ 폭 244cm의 아일랜드형 주방으로 측면을 수납장 문과 같은 소재로 마감해 어떤 각도에서 봐도 아름답다.

동선을 절감한 설계와 모던한 디자인이 호평

효율적인 조리의 필수 요소인 동선 단축에 초점을 맞춰 개발한 상품이다. 조리대의 폭을 줄이고 깊이를 늘려서 좌우 움직임을 줄이는 동시에 작업대 공간을 충분히 확보했다. 선 채로 필요한 물건을 꺼낼 수 있는 서랍식 수납장도 편리하다.

입체적으로 활용할 수 있는 획기적인 3D 싱크
모두 세 장인 전용 플레이트의 높이를 조정하며 잘 활용하면 음식 담기와 채소 데치기, 오물 처리를 신속하고 원활하게 할 수 있다.

토요 키친 스타일 도쿄
도쿄 도 미나토 구 미나미아오야마 3-16-3
영업시간 10:00~17:00
휴업일 수요일
www.toyokitchen.co.jp

Kitchen 08

FILE
파일

라이프스타일과 취향을 반영한 최고의 주방

인기 가구 매장에서 취급하는 주문 제작 주방 가구는 사용자가 자유롭게 설계할 수 있다. 매장에서 추천한 재료와 기기 중에서 마음에 드는 것을 골라 조합하는 '스탠더드', 규격품으로 생산된 '베이직' 등 세 종류가 있다.

파일 키친 & 리노베이션
도쿄 도 메구로 구 나카초 1-6-12 1층
영업시간 10:00~17:00
휴업일 수·목요일
www.file-g.com

▲ 이 제품은 천연목의 질감을 살린 상품으로 필요한 기능만 조합해 만들었다.

▶ 주문 제작 주방 가구 중 주문이 많이 들어오는 타입을 조합해 만든 주문 제작 느낌의 싱크대이다. 수납장 문과 조리대 상판은 다양하게 선택할 수 있다.

Kitchen 09

LiB contents
리브 콘텐츠

생활의 중심이 되는 기분 좋은 주방

'가장 오랜 시간을 보내는 주방을 기분 좋은 공간으로.' 이것이 『리브 콘텐츠』에서 제작하는 주문 제작 주방 가구의 테마다. 사용 편의성과 디자인적인 측면에서는 여성 직원들의 꼼꼼한 조언이 적극 반영되어 제작되었다.

리브 콘텐츠 전시장
도쿄 도 메구로 구 미타 1-12-3 오오타빌딩 1층
영업시간 10:00~17:00
휴업일 토요일
www.libcontents.com

주방 가구와 식탁을 하나로 연결한 설계
식탁과 일체로 만들어진 폭 4m의 아일랜드형 주방. 소재가 스테인리스여서 너무 무거워 보이지 않도록 날렵한 디자인을 택했다.

▲ 거실, 식당, 주방 전경. 친구들이 자주 모이는 집의 중심이 되는 주방이 완성되었다. 벽면에는 넉넉한 수납장이 설치되어 있다.

▶ 널찍한 공용 공간에 설치된 새하얀 아일랜드 카운터. 전자레인지와 냉장고는 벽면 수납장에 수납되어 있다. 호두나무로 마감된 문의 밤색과 카운터의 흰색이 아름다운 대조를 이룬다.

Part 8

디스플레이 기본 레슨

좋아하는 물건을 단순히 놓아두거나 나열하는 것과
디스플레이는 전혀 다릅니다. 각각의 소재와 질감,
형태와 색상의 균형을 잡으면서 공간을 적절히
활용하는 디스플레이는 생활을 향기롭게 물들입니다.

Lesson 1 Display

장식품의 조화와 높이 변화로 균형 있는 디스플레이

디스플레이의 5가지 포인트

단순히 나열하는 것과 디스플레이하는 것은 전혀 다릅니다.
뉴욕에 사는 우에노 아사코 씨에게 디스플레이의 기본 요령에 대해 물어보았습니다.

Point 1 똑같은 물건, 공통점이 있는 물건을 가지런히 나열하면 보기 좋다

아이템을 하나만 장식했을 때는 볼품이 없더라도 같은 물건을 여러 개 나열하면 연속성이 생겨 예술적인 분위기를 낼 수 있다. 매장의 디스플레이에도 자주 쓰이는 방법으로, 초보자도 바로 도전할 수 있다. 이처럼 아이템을 여러 개 나열한다면 형태가 단순한 것이 좋다.

▲ 유리병도 여러 개를 가지런히 놓으면 스타일리시하다

유리병의 모양은 조금씩 다르지만 모두 투명하며 크기가 작다. 이렇게 비슷하게 생긴 작은 소품을 가지런히 늘어놓으면 분위기가 새로워진다.

▼ 단품으로는 볼품이 없는 물건을 여러 개 나열한다

서랍장 위에 망고나무로 만든 그릇을 가지런히 디스플레이했다. 하나만 있으면 볼품이 없지만, 여러 개를 가지런히 나열하면 강한 존재감을 풍긴다.

▲ 창가에 비슷한 색의 양초 홀더 5개 나열

창가에 선명한 색의 양초 홀더가 진열되어 있다. 산뜻한 색의 아이템을 활용하면 활기차고 재미있는 디스플레이 코너를 만들 수 있다.

▲ **트레이가 이질적인 물건에 통일감을 준다**

왼쪽 사진은 소재, 색상, 형태가 제각각인 물건을 단순히 늘어놓은 느낌이다. 하지만 오른쪽 사진처럼 물건을 트레이에 담으면 통일감이 생겨서 단정해 보인다.

트레이로 칸을 나눠 눈길을 끈다

소품을 여기저기 늘어놓기보다는 트레이 위에 한데 모아서 장식하면 리듬감이 느껴져 눈길이 머문다. 사진처럼 장식할 물건을 트레이 안에 한데 모아 하나의 세계를 형성하도록 하면 팽팽한 긴장감이 느껴지고 어딘가 예술적인 인상도 받을 수 있다.

프레임 만들기 방법을 쓰면 작은 물건이 묻혀 버리거나 공간이 잡다해 보이지 않게 된다. 어수선하게 어질러지기 쉬운 물건을 한데 모아 보관할 때도 이 방법을 활용해 전시 공간처럼 꾸며보자. 물건을 찾기도 편해지고, 일상 용품도 색다른 아름다움을 띠게 될 것이다.

▲ **트레이로 칸을 만들면 정돈된 인상을 보여줄 수 있다**

몸단장용 아이템이 한데 모여 있을 뿐. 디스플레이와는 거리가 멀어 보인다. 아래 사진처럼 옻칠한 밥상과 그릇으로 프레임을 만들어 몇 개의 묶음으로 보여주자.

▲ '어긋남' 기술에 의해 리듬감과 생동감 연출

아래 사진의 좌우대칭 장식은 왼쪽 끝에서 오른쪽 끝까지 꽉 차게 늘어서 있어서 세련된 맛이 없고 어딘가 느슨한 느낌이다. 반면 위의 사진은 조밀하게 정돈되어 있어 리드미컬한 느낌이 든다.

Point 3 좌우대칭을 적용하되 불균형의 테크닉을 구사한다

좌우대칭은 디스플레이의 기본적인 기법이다. 그러나 기본에 너무 충실하다 보면 전시장 같은 딱딱한 인상을 풍길 우려가 있다. 좌우대칭의 원칙을 적용하되 일부러 소재와 색상을 약간 달리 해 개성과 리듬을 표현하는 것도 하나의 기술이다.

위 사진을 보면 '중앙에 가장 높은 것을 두고 좌우에 같은 물건을 둔다'는 원칙은 여전하지만, 좌우의 식물은 종류가 다른 데다 책의 일부는 등을 보이고 일부는 표지를 보이는 등 '어긋남'의 기법이 적용된 것을 알 수 있다.

참고로 등을 보인 책이 3권, 모양이 다른 화병도 3개, 크고 작은 돌도 3개로 이 디스플레이에는 숫자 3이 하나의 테마라는 점을 알 수 있다.

▼ 좌우대칭으로 조명을 배치해 통일감을 준다

서랍장 위의 액자는 소재도 색도 제각각이다. 그러나 좌우의 조명을 대칭으로 배치해 전체적으로 통일감이 느껴지는 디스플레이를 완성했다.

Point 4 포인트 컬러를 적절히 활용해 눈길을 끄는 디스플레이 코너를 만든다

인테리어 색상을 비슷한 색으로 통일하면 변화가 없어 밋밋해 보이기 쉽다. 그럴 때는 우선 선명한 색의 소품을 활용해 눈에 띄는 디스플레이 코너를 만들어보자. 색상은 계절 감과 개성을 표현하는 데 아주 효과적인 인테리어 요소다. 오른쪽 사진을 보자. 알파벳 오브제가 장식된 다소 밋밋한 공간에 오렌지색이 들어간 책과 쟁반을 추가하니 자연스럽게 눈길을 끄는 디스플레이 코너가 되었다. 이처럼 색이 적은 공간일수록 선명한 색상은 큰 힘을 발휘한다.

▶ **오렌지색을 추가해 눈길을 끄는 디스플레이 코너로 활용**

비슷한 색으로 통일된 오른쪽 사진 속의 디스플레이는 입체적이고 균형이 잡혀 있기는 하지만, 너무 수수해서 시선을 끄는 '포컬 포인트'가 되기에는 무언가 부족하다.

◀ **선명한 노란색으로 눈길을 사로잡는다**

전체적으로 연한 색조로 이루어진 공간에 선명한 노란색을 추가했다. 포인트 컬러 하나로 지루한 공간이 화려하게 변신했다.

Point 5 보는 사람의 시선을 고려해 공간을 능숙하게 활용하자

디스플레이를 할 때는 그저 지나치는 곳인지, 의자에 앉았을 때 눈에 들어오는 곳인지도 고려해야 한다. 보는 사람의 시선에 따라 장식법도 달라지기 때문이다.

왼쪽 위 사진을 보면, 시선보다 낮은 곳에 있는 하단은 위에서 보았을 때 깔끔해 보이도록 물건을 평평하게 배치했다. 그리고 시선과 같은 높이인 상단의 경우, 앞에는 낮은 물건, 뒤에는 높은 물건을 두어 공간의 깊이가 느껴지도록 했다. 또, 시선보다 높은 위치에는 여백을 되도록 많이 남겨서 여유로운 느낌으로 연출했다.

◀ **시선보다 높은 곳에는 여백을 주고, 비슷한 물건은 한데 모아서 깔끔하게 정리**

아래 사진의 공간은 자잘한 물건이 가득 늘어서 있어서 안정감이 없어 보인다. 또 부피가 큰 서랍 두 개가 서로 가까이 있는 것도 전체 분위기를 불안정하게 하는 원인이다. 벽면의 여백까지 고려해 물건을 진열하자.

Lesson 2 Display

장식하는 '범위'와 '선'을 미리 정해 두는 것이 중요

사진과 예술품의 디스플레이

벽면에 사진이나 예술품을 감각 있게 장식하려면 기술이 필요합니다.
아래의 5가지를 터득하면 언젠가 고급 장식법까지 멋지게 구사하게 될 것입니다.

Technique 1 액자의 양 끝, 상하의 선을 가지런히 한다

벽 장식의 기본 원칙은 일단 장식하는 '범위'와 '선'을 정하고 그 기준에 맞추어 액자를 거는 것이다. 가장 전통적인 방법은 액자 양쪽의 선 또는 상하의 선을 정해 놓고 그 범위에 액자가 자리하도록 하는 것이다. 액자 크기와 모양이 제각각이어도 이처럼 선이 통일되어 있으면 깔끔해 보인다.

▲ **크기가 다른 그림도 합지를 이용하면 깔끔하게 정리할 수 있다**
하단 그림의 캔버스 크기와 똑같은 A4 크기의 그림 용지에 크기가 좀 더 작은 일러스트를 붙였더니 그림의 선이 가지런해져서 통일감이 느껴진다.

▼ **스냅 사진 여러 장을 가지런히 붙여 한 장의 작품처럼 만든다**
벽에 적당한 크기의 구획을 정하고 가족의 스냅 사진을 나란히 이어 붙였다. 별다른 장치가 없는데도 양쪽 선이 가지런하게 정돈되니 마치 한 장의 큰 작품 같다.

▲ **똑같은 액자를 나란히 건 침실**
같은 예술가의 작품 2개를 침대 옆 벽에 걸었다. 액자가 크기 때문에 가지런히 걸어 놓기만 해도 깔끔하고 고급스러운 분위기가 난다.

Technique 2 액자의 중심선을 맞춘다

크기가 다른 액자 여러 개를 걸 경우, 중심선을 맞추어 일렬로 나열하면 스타일리시하고 정연한 인상을 준다. 벽면과 장식하고 싶은 액자의 형태를 살펴본 다음, 세로로 줄을 맞추거나 가로로 줄을 맞추면 된다.

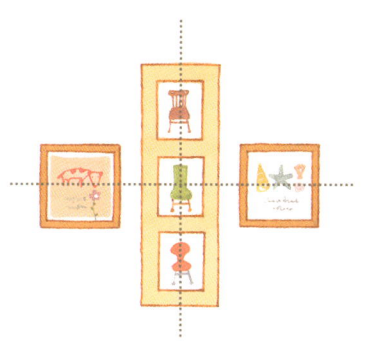

▲ 액자를 여러 개 걸 때는 중심선을 맞춰 통일감을 준다
크기와 형태가 제각각인 액자 여러 개를 한쪽 벽면에 모아 전시했다. 가로로 한 줄씩 중심선을 맞춰 걸되 서로 조금씩 어긋나게 한 고급 기술.

▶ 작은 액자를 리듬감 있게 나열해 예술적인 공간으로 재탄생
크기가 서로 다른 액자들이 중심선에 맞춰 번갈아 배치되어 있어 리듬감을 느끼게 한다.

Technique 3 중심선 좌우에 지그재그로 장식한다

장식하고 싶은 벽에 중심선을 정한 다음, 그 중심선을 사이에 두고 좌우로 크고 작은 액자를 번갈아 건다. 초보자라면 크기가 같은 액자부터 도전해야 균형을 잡기 쉽다.

▼ 손님의 시선이 머무는 곳에 크고 작은 액자를 번갈아 배치해 재미있게 연출
거실 소파 위쪽 벽에 정사각형의 큰 액자와 작은 액자를 번갈아 걸었다. 손님의 시선을 의식해 꾸민 세련된 장식 공간이다.

▲ 지그재그로 배열할 때도 테마를 압축해 통일감을 준다
개와 고양이 사진을 흑백으로 프린트해서 액자에 넣은 후, 세로 중심선을 사이에 두고 좌우로 디스플레이했다. 액자는 세로 방향과 가로 방향을 섞어서 재미있게 연출했다.

디스플레이

계단 벽면은 계단의 경사를 따라 장식한다

비교적 여유로운 공간인 계단은 액자를 걸기 가장 좋은 장소다. 이때는 계단의 경사를 살려서 액자의 중심을 비스듬히 연결하듯이 장식하는 것이 좋다. 계단과 평행한 선이 생겨서 통일감과 리듬감이 느껴질 것이다.

▲ 비스듬히 장식하면서 간격을 맞춰 균형감을 준다

계단에 장식된 가족사진. 액자의 크기나 소재는 제각각이지만, 비스듬한 경사를 살리고 액자의 간격을 맞추니 통일감이 느껴진다.

선반이 될 만한 가구 위에 액자를 올려둔다

서랍장이나 소파, 사이드테이블 등 액자를 올려둘 수 있는 가구가 있으면 안전하게 올려놓을 수 있을 뿐 아니라 예술품과 가구가 서로의 매력을 돋보이게 해 균형 잡힌 공간을 만들어낸다.

만약 받침으로 활용하고 싶은 의자나 소품이 있다면 예술품 근처로 옮겨서 상호 배색과 조화를 미리 확인하기 바란다.

▲ 책장 위에 좋아하는 액자를
아무렇게나 세워 둔다

디자인과 미술에 관한 서양 잡지가 많이 꽂혀 있는 책장 위에 예술품을 자연스럽게 세워 두어 지적인 이미지를 연출했다. 책장 덕분에 액자 하단의 선이 저절로 맞춰져 깔끔하다.

▶ 디자이너 소품인 시계와
의자 덕분에 가족사진이 돋보인다

가족사진을 콜라주해 만든 작품. 그 아래에는 「임스 체어」가, 그 위에는 조지 넬슨의 「볼 클록」이 있어 가족사진을 더욱 돋보이게 한다.

Part 9

아이템별 편리한 수납 레슨

편리한 수납 기술이란 물건을 효율적으로 보관하는
기술이 아니라 가족 모두가 넣고 빼서 사용하기 쉽게,
또 정돈하기 쉽게 수납하는 기술을 말합니다.
이번 Part 9에서는 수납의 기본 규칙 5가지와
그에 기초한 아이템별 수납 방법에 대해 소개합니다.

사용하는 장소와 가까운 곳에 제자리를 만든다

수납의 첫걸음은 아이템을 종류별로 모아 정리하는 것입니다. 그다음에는 사용하는 장소 가까이에 그 물건을 수납하기 좋은 자리를 정하는 것이지요. 이때는 한 공간에 한 아이템이 가장 좋습니다.

반려동물 용품 ①

**사다리에 걸어 놓으면
한눈에 파악하기 쉽다**

분위기 있는 사다리를 현관 벽에 세워 두고 수납용으로 사용한다. 독특한 아이디어가 돋보이는 수납으로, 목줄이나 끈까지 한눈에 보여서 골라 쓰기 편리하다.

반려동물 용품 ②

**반려동물의 산책 용품은
현관에 모아놓는다**

벽면의 훅에 목줄을 걸고, 크고 작은 법랑 캔 속에는 간식과 산책 용품을 보관한다. 이렇게 현관에 반려동물 용품을 모아두면 산책 준비가 번거로워지지 않는다.

잡지

**자주 읽는 잡지는 잡지꽂이에 넣어
소파 옆에 보관한다**

소파 주변에 가죽으로 만든 잡지꽂이를 두면 읽고 싶을 때 앉은 채로 꺼낼 수 있고 정리도 간편하다. 손잡이가 달려 있으면 갖고 다니기도 편하다.

신발

**자주 신는 신발을
빼기 쉬운 선반에 보관한다**

마음에 드는 신발은 자주 신게 마련이다. 그래서 깔판과 널빤지로 신발 크기에 딱 맞는 오픈형 랙을 만들어서 자주 신는 신발을 편하게 수납하도록 했다.

편지와 서류

**임시 보관 장소를 만들어서
넣어 두고 한 달에 한 번씩 정리한다**

서랍장 서랍 중 두 개는 임시 보관용으로 답장할 편지나 수납이 적당치 않은 물건을 일시적으로 보관해두면, 서류나 물건과 뒤섞이는 일을 피할 수 있다.

요리책

**보고 싶을 때 바로 꺼내 볼 수 있도록
주방 상부 수납장에 보관한다**

요리책은 주방에 필요한 물건이니 주방에 보관해야 한다. 따라서 효율적으로 활용하기 어려운 주방 상부 수납장에 요리책과 레시피 스크랩 파일을 보관한다.

차 세트

**매일 쓰는 물건이므로
나무 상자에 깔끔하게 정리한다**

매일 차를 마실 때 꺼내 쓰는 찻잎과 커피콩은 유리병에 넣어서 나무 상자에 보관한다. 차 거름망과 티스푼까지 용도가 같은 물건을 한데 모아 놓았다.

조리 기구

**S자 훅에 걸어 두면
빨리 집어 쓸 수 있다**

레인지후드 가장자리에 S자 훅을 걸어서 자주 쓰는 프라이팬과 냄비를 가지런히 수납했다. 오픈 수납이어서 조리 기구가 자연 건조된다는 것도 장점.

문구류

**칸막이가 있는
나무 박스에 정리한다**

문구류는 앤티크 목재 도구 상자에 모아 정리한다. 자잘한 물건도 칸막이를 활용해 제자리를 정해두면 찾아 쓰기 쉽다.

조리 용품

**매일 쓰는 주방 장갑과
커피 거름망은 레인지 위에 걸어 둔다**

주방 장갑과 커피 거름망은 매일같이 레인지 주변에서 사용하는 물건이다. 바로 찾아서 쓸 수 있도록 서랍에 보관하지 않고 레인지 옆에 걸어 둔다.

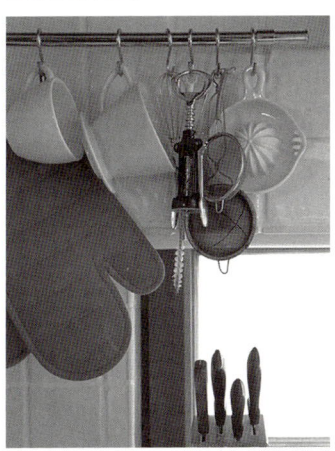

주방 용품

**오픈 선반에 물건을 수납할 때는
물건의 사용 빈도와 무게를 생각한다**

무거운 물건은 꺼낼 때 힘들지 않도록 밑에서 두 번째 선반에 보관했다. 상단의 바구니에는 가벼운 비닐봉지를 보관한다.

수건

**수건은 세면대 옆 바구니 안에
세로로 수납한다**

세면대 옆에 상자를 두고, 상자 안에 든 와이어 바구니에 수건을 수납한다. 수건을 세워 놓으면 꺼낼 때 편리하다.

> Rule 2

잡다한 물건은 숨기고, 마음에 드는 물건은 드러낸다

색이 튀는 물건, 지나치게 알록달록한 물건은 박스 또는 바구니에 넣거나 천으로 감싸서 깔끔하게 숨겨주세요. 그대로 두어도 인테리어처럼 보이는 물건이라면 밖으로 꺼내 장식품처럼 활용해도 좋습니다.

전단지와 편지

자주 읽는 잡지는 잡지꽂이에 넣어 소파 옆에 보관한다

세일 전단, 답장을 보내야 할 중요한 편지 등은 눈에 잘 띄는 곳에 보관소를 만들어두자. 특히 와이어랙은 그 자체만으로도 인테리어가 된다.

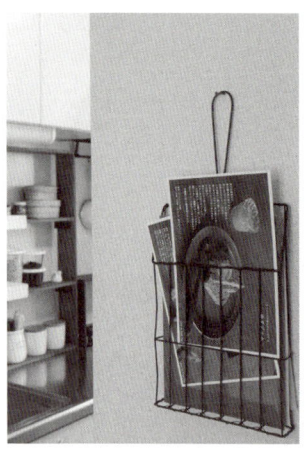

쿠키 틀

과자를 좋아해서 자주 사용하는 쿠키 틀은 장식품 겸용

예쁜 아이템은 언제든 감상할 수 있도록 오픈 선반에 보관한다. 모든 틀을 한눈에 볼 수 있어서 쿠키를 어떤 모양으로 만들지 생각하는 데도 도움이 된다.

주전자

보기 좋은 조리 도구는 선반에 장식해 수납한다

법랑 주전자, 도기 주전자, 도예 작가가 만든 찻주전자 모두 모양과 색이 아름다워 드러내는 수납을 택했다.

문구류

앤티크 알루미늄 케이스에 자잘한 물건을 수납한다

앤티크 미트로프* 틀과 작은 젤리 틀을 활용해 메모지, 고무줄 등 책상 주변의 소품을 수납한다. 이렇게 연출하니 사무용품에서도 따뜻한 느낌이 풍긴다.

행주

마음에 드는 행주를 바구니에 담아 드러내기

예쁜 행주는 드러내도 좋을 것 같아서 바구니에 모아 주방용 왜건 위에 두었다. 접지 않고 돌돌 말아서 세워 두면 한층 신선한 느낌이다.

유리잔

천으로 덮어 놓으면 깔끔해 보이고 먼지도 묻지 않는다

매일 쓰는 유리잔은 싱크대와 냉장고와 가까운 선반 위 바구니에 수납한다. 천을 한 장 덮어 두면 깔끔해 보일 뿐만 아니라 잔을 청결하게 유지할 수 있다.

Rule 3	**자잘한 물건은 칸막이와 라벨을 활용해 수납한다**

자질구레한 물건은 서랍, 바구니, 상자 안에 칸막이를 만들어서 종류별로 분류해 놓으면 찾아 쓰기 쉽습니다. 라벨에 내용물을 표시해두면 다른 가족 역시 수납 장소를 쉽게 파악할 수 있어 더욱 편리합니다.

DIY 재료

보여 주어도 좋은 예쁜 소품은 투명한 유리용기에 담아 놓는다

DIY 재료나 양초 등 예쁜 소품은 아이템별로 유리 용기에 보관한다. 유리병은 투명해서 내용물을 쉽게 파악할 수 있기 때문에 기능적으로도 좋은 수납 아이템이다.

펜류

컬러 펜은 종류별로 유리잔에 분류한다

다양한 컬러 펜은 유리잔에 꽂아 보관한다. 종류별로 나누어 놓으면 필요한 것을 바로 찾아 쓸 수 있다. 한색, 난색으로 나누면 보기에도 좋다.

장난감

아이 방에는 귀여운 일러스트 라벨을 붙여둔다

아이 방의 오픈 선반. 문구 박스에는 연필 그림을 붙이고 인형 박스에는 곰돌이 그림을 붙이는 등 아이가 즐겁게 정리할 수 있도록 일러스트를 활용했다.

리모컨

코르크 보드로 만든 라벨과 바구니

리모컨과 문구류 등 거실을 어지럽히기 쉬운 물건들을 바구니에 넣고 천으로 덮었다. 코르크 보드에 그림물감을 칠해서 만든 라벨이 바구니와 잘 어울린다.

수저 등

트레이를 활용하면 물건이 섞이지 않는다

수저, 랩, 고무줄 등은 서랍 안에 크고 작은 플라스틱 트레이를 활용해 분류한다. 이렇게 하면 내용물이 섞일 염려가 없다.

장난감 부속품

잃어버리기 쉬운 부품은 칸막이가 있는 케이스에 정리한다

자잘한 장난감 부속품은 단순한 박스보다는 칸막이가 있는 케이스에 꼼꼼히 분류해서 수납해야 찾아 쓰기 편하다.

색과 소재를 통일해 깔끔하게 연출한다

방을 깔끔하게 연출하려면 공간에 여백이 있어야 합니다. 장식이 지나치면 어수선해 보이니 마음에 드는 물건이 많더라도 절제가 필요하지요. 그리고 무엇보다 장식품의 색과 소재를 통일해 균형을 잡는 것이 중요합니다.

도장과 카드

선반에 딱 들어맞는 크기의 바구니를 가지런히 나열해 서랍처럼 사용

현관용 오픈 선반에는 선반에 딱 들어맞는 크기의 등나무 바구니 6개를 집어넣어 서랍처럼 사용한다. 안에는 포인트 카드와 진찰권 등이 들어 있다.

헤드폰

인테리어와 잘 어울리는 아시아풍 바구니

헤드폰과 신문·잡지 등을 수납하는 데 아시아풍 바구니를 사용한다. 바구니는 집의 인테리어와도 잘 어울리는 수납 아이템이다.

비닐봉지

주방 인테리어에 잘 어울리는 내추럴한 가방에 수납한다

누구나 보관법을 고민하는 비닐봉지는 사진처럼 마직물 가방에 눌러 담으면 간단히 해결된다. 내추럴한 주방에 자연 소재인 마가 아주 잘 어울린다.

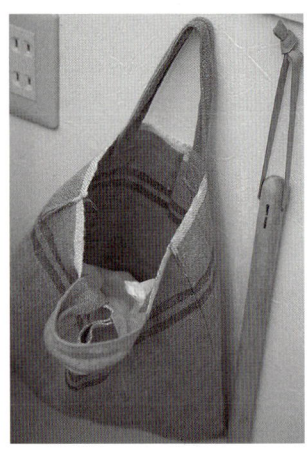

파일

화려하지 않은 갈색 케이스에 정리한다

구입한 서류 케이스를 활용해 컴퓨터 주변의 서류를 정돈했다. 갈색 케이스는 테이블 색과도 잘 어울린다.

서류

검은색 수납 박스와 알루미늄 캔을 활용한 벽면 수납

수납 용품은 「무인양품」의 크기가 다양한 수납 박스와 알루미늄 박스로 통일했다. 그 결과 시원한 느낌의 아름다운 수납 코너가 완성되었다.

식재료

색이 튀는 물건은 카운터 위에 두지 않는다

주방 카운터 위에는 채소를 담은 와이어 바구니, 쌀과 시리얼을 담은 유리병과 내추럴한 소재만 올려놓는다.

조리 용품

**매달아 보관하는 조리 도구는
은색으로 통일**

드러내 수납하는 도구류는 스테인리스 소재로 통일했다. 봉에 나란히 걸어 두어도 깔끔해 보인다.

식재료

**조미료는 유리 용기에 넣어서
내용물이 보이도록 한다**

설탕과 깨, 소금 등은 투명한 유리병에 옮겨 담아 오픈 선반에 수납한다. 내용물도 흰색 또는 내추럴한 색이라서 깔끔하다.

세제

**세탁 세제는
다른 용기에 옮겨 담는다**

포장이 화려한 세제는 특히 눈에 잘 띄는 일상 용품이다. 따라서 집의 인테리어와 잘 조화되도록 디자인이 단순하며 뚜껑이 갈색인 용기에 옮겨 담아 보관한다.

조리 용품

**드러내서 보관하는 조리 도구는
색감과 소재를 통일한다**

자주 사용해 꺼내 놓고 보관하는 도구류의 소재는 스테인리스 또는 목재, 색상은 흰색으로 통일했다. 모양은 제각각이어도 색과 소재를 통일하면 단정해진다.

식기와 가전제품

**수납장 내부에도
수납 용품을 두어 깔끔하게 정리**

보통 때는 문을 닫아 놓는 수납장. 하지만 수납장 안의 수납 용품까지 통일해 내부까지 깔끔하게 정리했다.

수건

**흰 선반 위의 수건은 흰색과
베이지색으로 통일해 산뜻하다**

흰 선반 위에는 흰색과 베이지색 수건뿐이다. 뚜껑 달린 바구니 안에는 드라이어와 화장품이 들어 있다.

공간을 효과적으로 활용해 수납 용량을 늘린다

기성 수납 용품을 사용하면 그 크기가 공간이나 보관할 물건에 딱 들어맞지 않을 수 있습니다.
따라서 수납 용품을 직접 만들거나 수리해서 쓰면 자투리 공간을 효과적으로 활용할 수 있습니다.

책

슬림한 책장은 공간을 구분하는 칸막이로 활용

책장으로 침실의 취침 공간과 휴식 공간을 구분했다. 뒤판이 없는 책장이어서 양쪽에서 책을 꺼낼 수 있다.

티슈

카운터 밑에 선반을 달아 일상 용품을 수납한다

주방 카운터 밑의 벽면에 DIY로 선반을 달았다. 물건을 넣고 빼기 편한 오픈형 수납공간이라서 티슈 등 자주 쓰는 물건들을 보관한다.

화장품

낡은 액자를 개조해서 세면실 전용 소형 수납장으로 사용

커다란 액자에 선반을 달았다. 깊이가 얕아서 조촐한 세면대 선반으로 안성맞춤이다. 장식 공간을 겸해 자주 쓰는 아이템을 수납한다.

책

벽의 요철을 활용한 수납 선반

창 옆의 움푹 들어간 공간을 활용해 책 수납 선반을 설치했다. 붙박이 같은 수납공간으로, 가구처럼 튀어나온 부분이 없는 것이 큰 장점이다.

시트

침대 밑에 수납함을 넣어 서랍으로 사용한다

침대 밑 공간까지 알차게 활용한다. 플라스틱 케이스를 침대 밑에 넣어 서랍식으로 넣고 빼면서 침대 시트를 수납한다.

화장지

화장실 상부에 화장지 보관대 설치

면적이 좁은 화장실. 머리 위의 자투리 공간을 이용해 화장지를 보관한다. 선반 깊이가 얕아서 사람의 움직임에는 전혀 방해가 되지 않는다.

Part 10

쉽게 배우는 인테리어 용어 사전

인테리어를 더 깊이 이해하기 위해 알아두면 좋을
인테리어 용어를 정리하였습니다.
디자이너 의자, 앤티크 가구 등에 관한 기초 지식, 인테리어의 재질과
마감, 조명, 창호, 집의 구조에 관한 지식까지 일러스트를 곁들여
쉽게 알아볼 수 있도록 하였습니다.

File 01 가구

① 디자이너 체어

이지 체어 B3 「바실리」
(마르셀 브로이어, 1925년)

브로이어가 처음 만든 강철 파이프 의자. 바우하우스의 교수 와실리 칸딘스키를 위해 디자인된 작품이다. 당시 최첨단 기술을 보유했던 「아들러_Adler」사의 자전거 핸들에서 영감을 얻어 디자인했다고 한다.

바우하우스와 새로운 디자인의 시대

새로운 디자인이 탄생하려면 시대의 흐름에 따른 생각의 변화, 신소재의 등장, 기술의 진보라는 세 가지 요소가 갖춰져야 한다. 19세기에 광산 개발 기술이 발달해 조선, 철도, 건축 등의 분야에 철이 보급되면서 의자의 구조재에도 철이 쓰이기 시작했다. 따라서 그때까지 나무로는 만들 수 없던 구조와 형태가 실현되어 디자인의 가능성이 크게 확대되었다. 그 가능성으로 디자인에 발전을 일으킨 단체가 바로 독일 바이마르에 있는 조형 예술 학교인 바우하우스이다.

LC2 그랑콩포르
(르 코르뷔지에, 1928년)

건축가로서도 유명하지만, "가구 역시 건축의 연장선에 있다."라고 주장하며 가구 분야에서도 많은 명작을 남긴 르 코르뷔지에. '거대한 편안함'이라는 이름이 붙은 이 작품은 강철 파이프로 된 프레임에 쿠션 5개를 끼워 넣은 구조다.

바르셀로나 체어
(미스 반 데어 로에, 1929년)

1929년에 개최된 바르셀로나 국제박람회의 독일관을 설계할 때, 내빈인 스페인 국왕을 위해 디자인한 작품. 모던하고 고급스러우면서 다른 인테리어와 쉽게 조화되는 디자인이다. 미스 반 데어 로에는 "Less is more(더 적은 것이 더 풍요롭다)."라는 명언으로도 유명하다.

암 체어 B64
(마르셀 브로이어, 1929년)

공중에 떠 있는 듯한 캔틸레버 구조의 다리를 적용하고 나무 프레임에 등나무를 엮어 만든 등받이와 좌석을 붙인 심플한 의자. '세계에서 가장 많이 모방된 의자'라고 해도 과언이 아닐 정도로 유사품이 많다.

캔틸레버 체어
(마르트 쉬탐, 1933년)

캔틸레버란 '한쪽으로 치우치다'라는 뜻으로 한쪽 지지대만으로 전체를 지탱하는 구조를 말한다. 특히 하나의 강철 프레임을 구부린 형태가 참신해 많은 주목을 받았다.

바우하우스

1919년에 건축가 발터 그로피우스_Walter Gropius를 중심으로 독일 바이마르에 문을 연 조형 예술 학교. 독일의 발전한 공업을 바탕으로 생산자와 실제 사용자에게 더욱 효과적인 예술을 추구한 결과, 디자인의 간략화와 대량 생산이라는 새로운 개념을 만들어냈다. 특히 의자 분야에서는 강철 파이프로 된 작품을 연달아 생산했다. 나치가 강제로 폐교시키기 전까지 14년 동안 바우하우스는 세대를 선도하는 예술의 큰 중심축으로 활약했다.

스툴 E60
(알바 알토, 1932년)

핀란드를 각별히 사랑한 알토의 대표작. 비푸리_Viipuri 시립 도서관을 위해 핀란드산 자작나무 합판을 성형해 만든 스툴이다. 알토는 목재를 L형으로 구부린 「알토 레그」의 특허를 취득하기도 했다. 단순하고 가벼우며 겹쳐 쌓아올릴 수 있어서 실용성도 뛰어난 디자인이다.

미드센추리_Midcentury

1950~60년대는 의자 디자인의 황금시대로 세계 각지에서 걸작이 탄생했다. 그런데 그 배경에는 제2차 세계대전이 있었다. 생활의 여유를 앗아간 전쟁이 지나간 후 사람들의 관심은 일상 용품으로 몰렸으며, 그 영향이 의자에까지 미친 것이다. 또한 신소재인 플라스틱과 우레탄이 새롭게 등장하였으며, 나무를 가공하는 새로운 기술의 등장도 의자 개발에 박차를 가했다.

이지 체어 NV-45
(핀 율, 1945년)

'조각에 가깝다'는 평가를 받는 핀 율의 작품. 좌석이 프레임 위에 떠 있는 듯한 디자인을 적용한 최초의 의자이기도 하다. 핀 율의 작품은 개성적인 디자인 때문인지 모국인 덴마크에서는 인정받지 못했으나, 나중에 미국에서 좋은 평가를 받은 후 세계적으로 유명해졌다.

Y 체어
(한스 J. 웨그너, 1950년)

몇 번이고 명작을 고쳐 만들어 더 멋진 걸작 의자를 탄생시킨 웨그너. 그는 주로 중국 명나라의 가구를 견본으로 삼았다고 한다. Y 체어는 세계에 50만 개 이상 판매된 최고의 베스트셀러다. 한스 웨그너는 한때 아르네 야콥센의 사무소에 근무한 적이 있으며, 독립한 후에 많은 작품을 발표했다.

스완 체어
(아르네 야콥센, 1958년)

야콥센 자신이 설계한 코펜하겐의 SAS 로열 호텔에 쓰기 위해 디자인한 의자. 경질 발포 우레탄을 이용해 백조가 날개를 펼친 듯한 모양으로 디자인된 이 의자는 의자에 대한 기존의 상식을 모조리 뒤엎었다. 야콥센은 북유럽 모던 디자인의 선구자이기도 하다.

앤트 체어
(아르네 야콥센, 1952년)

제약 회사의 사원 식당용으로 디자인된 의자. 등판의 일부를 깎아내 삼차원적 곡면을 일체로 성형하는 데 성공한 작품이다. 성형 합판은 전에도 있었지만, 등받이와 좌석까지 일체로 만들어진 것은 세계 최초이다. 야콥센은 다리 3개짜리의 아름다움에 집착했지만 그가 사망한 후에는 다리가 4개인 제품이 추가로 만들어졌다.

당시의 북유럽

1930년대 후반 북유럽에서는 '아름다운 일용품'이라는 구호 아래 평소에 사용하는 물건의 품질을 개선하려는 운동이 일어났다. 그 영향으로 특히나 덴마크에서는 명작 의자가 많이 제작되었다.

Key Word

성형 합판

의자의 역사는 한편으로는 나무를 구부리는 기술 발전의 역사라고도 말할 수 있다. 그중에서도 가장 중요한 것이 곡목(구부린 나무)이 개발된 이후 20세기 중반에 새로 등장한 성형 합판이다. 이것은 나무를 종이처럼 얇게 잘라낸 후 여러 장 겹쳐서 구부리는 기술로, 알바 알토는 이를 이용한 상품을 최초로 대량 생산하는 데 성공했다. 그 후 임스 부부_Charles & Ray Eames는 나무를 더 자유롭게 구부려 3차원 곡면을 만드는 데까지 이르렀다.

> **당시의 미국**
>
> 미국에서는 예술품만큼이나 개성적인 의자가 많이 만들어졌다. 그때 주로 쓰인 것이 플라스틱, 우레탄 등의 신소재 또는 목재를 3차원으로 구부린 성형 합판이다. 이러한 소재 덕분에 이전에는 불가능했던 자유로운 형태, 넓은 곡면과 화려한 색채가 가구에서도 가능하게 되었다.

쉘 체어
(찰스 & 레이 임스, 1950년)

쉘은 조개껍데기라는 뜻으로 쉘 체어는 일체화된 3차원 곡면으로 이루어진 의자이다. '좁은 집에서도 충분히 쓸 수 있는 튼튼하고 저렴한 의자를 만든다'는 목표 아래 디자인된 제품으로, 색과 소재 등을 다양하게 변경할 수 있다.

마시멜로우 소파
(조지 넬슨, 1956년)

미국의 팝아트를 떠올리게 하는 작품. 쿠션 18개를 배열한 구조가 눈길을 끈다. 조지 넬슨은 20년 넘게 『허먼 밀러』의 디자인 디렉터로 일했고, 찰스 임스를 기용하기도 했다.

라운지 체어 & 오토만
(찰스 & 레이 임스, 1956년)

모던 디자인의 상징으로 불리는 작품. 친구인 영화감독 빌리 와일더_Billy Wilder에게서 가정용 의자를 만들어 달라는 주문을 받고 디자인했다. 몸의 곡선에 딱 맞는 디자인 덕분에 포근하게 가죽으로 둘러싸이는 기분은 행복 그 자체. 지금도 『허먼 밀러_Herman Miller』사가 소량 생산하고 있다.

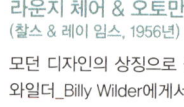

튤립 체어
(이에로 사리넨, 1955년)

테이블 아래의 가구 다리 수를 줄이기 위해 고안한 의자. 꽃잎 같은 형태가 아름답다. 친구인 임스의 의자와 곧잘 비교되지만, 그의 작품은 디테일이 특히 우아하다. 핀란드에서 태어나 13세에 미국으로 이주한 후 뉴욕의 케네디 공항을 건설하기도 했다.

> **당시의 일본**
>
> 일본의 디자이너들은 브루노 타우트*, 샤를로트 페리앙, 찰스 임스 등 해외 디자이너와 교류하면서 의자에 관한 지식을 습득했다. 그래서 결국 일본의 소재, 기술, 문화를 살린 일본 특유의 명작을 만들어 냈다.

라운지 체어
(겐모치 이사무*, 1960년)

호텔 바 라운지용으로 디자인한 작품으로, 등나무의 장인과 협력하여 제작했다. 일본 가구 최초로 뉴욕 근대 미술관의 영구 소장 작품으로 선정되었다.

좌식 의자
(조 다이사쿠, 1960년)

앉아서 다리를 앞으로 뻗을 수 있게 디자인된 낮은 의자. '방에서도 편하게 쓸 수 있는 의자를 만들어 달라'는 의뢰로 만들게 된 작품. 작가인 조 다이사쿠는 르 코르뷔지에의 제자 사카쿠라 준조*의 건축 연구소에서 가구를 설계하는 일을 했다.

버터플라이 스툴
(야나기 소리, 1956년)

일본을 대표하는 걸작 가구로 뉴욕 근대 미술관의 영구 소장 작품으로 선정되었다. 성형 합판 2장을 조합한 구조로 나비가 날아가는 모습을 연상시키는 작품이다.

토리이 스툴
(와타나베 리키, 1956년)

부드럽고 탄력 있는 등나무 가구를 재평가하게 한 작품. 1957년 제11회 밀라노 트리엔날레*에서 금상을 받았으며, 발매 이래 50년 가까이 스테디셀러 자리를 지키고 있다.

② 앤티크 체어

현대의 의자 디자인에 큰 영향을 미친 3대 의자

윈저 체어
영국 요크셔 지방에서 탄생한 의자. 농민들이 직접 사용하기 위해 나무를 베어다 의자를 만든 것이 윈저 체어의 시작이었다. 귀족 의자에 흔히 보이는 장식이 거의 없는 단순하고 튼튼한 디자인으로, 오랜 시간 동안 평범한 사람들의 손을 거쳐 개량되었다. 최적의 목재를 최적의 부분에 쓰기 위해 틀, 창살, 좌석, 다리에 각각 다른 목재를 사용한다. 산업혁명 이후 영국 전역에 퍼져 18세기에는 미국에까지 전해졌다. 등받이에 창살 여러 개가 있는 것이 공통된 특징이다.

셰이커 체어
영국 퀘이커교의 한 분파인 셰이커교도들은 18세기에 영국의 종교 박해를 피해 미국 동부로 이주한 후 교의를 실천하기 위해 '셰이커 빌리지'라는 자급자족 생활 공동체를 만들었다. '손은 일에, 마음은 신에게'라는 엄격한 계율 아래 이루어지는 자신들의 일상생활을 위해서 만든 소박한 의자가 셰이커 체어다. 대개 등받이가 사다리 모양으로 되어 있고 좌석에는 편안한 착좌감을 위해 부드러운 면 테이프를 바둑판 모양으로 얽어 놓는다.

토네트 체어
목재 기술자 미하엘 토네트*가 개발한 의자. 19세기 중엽에 그가 개발한 '곡목' 기술은 의자 디자인에 일대 혁명을 불러일으켰다. 토네트는 원재료를 구하기 쉬운 숲 근처에 공장을 짓고 부품별로 철저한 분업을 시행해 복잡한 작업을 단순화했다. 그가 생산한 가구는 기능, 디자인, 가격의 합리성, 견고성, 무게의 가벼움, 수리의 편의성 등 근대가 요구하는 모든 조건을 갖추고 있었다. 특히 1859년에 발매된 「No. 14」(그림)는 큰 히트를 기록해 지금도 생산되고 있다.

모던한 감각의 인기 앤티크 체어

얼콜 체어
영국의 고급 목공 회사인 『얼콜_Ercol』은 디자인에 심혈을 기울이고 섬세하면서도 짜임새 있고 질 좋은 가구를 생산한 덕분에 큰 인기를 끌었다. 이 의자는 윈저 양식의 영향으로 만들어진 것 중 하나이다.

처치 체어
처치 체어와 채플 체어는 교회에서 쓰던 의자의 통칭이며 디자인은 교회마다 달라서 개성적이다. 등판에 십자가가 새겨진 디자인이나 성경책을 넣는 박스가 붙어 있는 타입은 인기가 많아서 지금은 구하기 어렵다. 의자 밑에 있는 봉 두 개는 뒷사람의 짐을 보관하기 위해 고안한 것이라고 한다.

등나무 의자, 버드나무 의자
의자를 사람의 몸에 밀착시키기 위해 나무를 곡선으로 구부릴 수도 있지만, 가늘고 부드러운 재료를 엮어서 좌석에 신축성을 주는 것도 한 방법이다. 기본 재료는 등나무와 버드나무이지만 요즘은 페이퍼코드*도 자주 쓰인다. 다른 나무나 철보다 부드러워서 착좌감이 편안한 것이 특징이다.

스쿨 체어
학교에서 사용하였던 어린이 의자가 최근에는 근대 앤티크로 사랑받고 있다. 시대와 지역에 따라 디자인이 다양하다. 참고로 그림의 의자는 1940년대의 영국 제품으로, 한국의 학교 의자와도 비슷한 모양이다. 미드센추리 직전에 제작된 모던한 형태가 아름다운 의자.

16세기 이후 영국의 역사와 양식의 변화

	영국의 통치자	스타일 구분	양식	많이 쓰인 재질	다른 서양 제국
16세기	헨리 8세 (1509~1547)	튜더	고딕	떡갈나무	르네상스 양식 (이탈리아)
	에드워드 6세 (1547~1553)				르네상스 양식 (프랑스)
	메리 1세 (1553~1558)				
	엘리자베스 1세 (1558~1603)	엘리자베시안			바로크 양식 (이탈리아)
17세기	제임스 1세 (1603~1625)	자코비안	르네상스	호두나무	바로크 양식 (프랑스)
	찰스 1세 (1625~1649)		바로크		
	공화제	크롬웰리안			
	찰스 2세 (1660~1685)	왕정복고			
	윌리엄 3세 & 메리 2세 (1689~1702)	윌리엄 & 메리			로코코 양식 (프랑스)
18세기	앤 (1702~1714)	퀸 앤			콜로니얼 양식 (미국)
	조지 1세 (1714~1727)	얼리 조지안	로코코	마호가니	
	조지 2세 (1727~1760)				
	조지 3세 (1760~1820)	조지안	네오 클래식 절충 등		앙피르 양식 (프랑스)
19세기	섭정 정치	리젠시			비더마이어 양식 (독일)
	조지 4세 (1820~1830)				
	윌리엄 4세 (1830~1837)				셰이커 양식 (미국)
	빅토리아 (1837~1901)	빅토리안	아트 앤 크래프트		아르누보 양식 (프랑스)
20세기	에드워드 7세 (1901~1910)	에드워디안	모던		

셰러턴 스타일

아르누보 스타일

▶ **아르데코_Art-Deco** 1920~30년경에 유행한 디자인 양식. 유선형과 기하학적 무늬를 특징으로 하며, 기능미를 강조했다. 장식에 너무 치우쳐 버린 아르누보를 단순화하려는 움직임에서 시작해 이후 모던 디자인의 기반이 된 단순한 양식.

▶ **아르누보_Art-Nouveau** 19세기 말~20세기 초에 유럽과 미국에서 유행한 디자인 양식. 단순한 형태, 물결치는 곡선, 식물을 본뜬 디자인이 특징.

▶ **앤티크_Antique** 골동품 또는 고미술품을 말한다. 주로 제2차 세계대전 이전에 제작된 것을 가리키지만, 수입 관세 법률에서는 '제작 후 100년이 지난 가구'로 정의한다.

▶ **윈저 체어_Winsor Chair** 1700년경 영국에서 탄생해 미국에 보급된 컨트리 스타일의 목제 의자. 봉 모양의 다리와 등을 좌석에 직접 접합한 것.

▶ **수집품** 100년 이상 된 앤티크는 아니지만 고물이나 구제(고도구)로 불리기에는 아까운 것들을 부르는 미국식 명칭.

▶ **셰이커 스타일_Shaker Style** 18세기 후반에서 19세기 전반에 걸쳐 미국의 셰이커교도들이 만들어 낸 건축과 가구 양식. 직선적이고 단순한 구조와 기능성을 중시한 형태가 특징.

▶ **셰러턴 스타일_Sheraton Style** 18세기 말 영국의 가구 작가 토마스 셰러턴의 디자인으로 대표되는 직선적인 양식.

▶ **레플리카_Replica** 복제품. 앤티크 가구 등을 복제한 것.

3 가구용어

- 암 체어_Arm Chair 팔걸이가 달린 의자.
- 암리스 체어_Armless Chair 팔걸이가 없는 의자.
- 이지 체어_Easy Chair 편안하게 앉을 수 있도록 등받이를 뒤로 기울이고 팔걸이를 단 휴식용 의자. 보통 의자보다 좌석이 낮고 좌석과 팔걸이 폭은 넓으며 등받이가 뒤로 많이 기울어진 것이 특징이며 쿠션도 푹신하다. 안락의자라고도 부른다.
- 윙 체어_Wing Chair 귀가 달린 의자. 높은 등받이 상부의 양 귀퉁이가 귀처럼 앞으로 돌출되어 있는 휴식용 의자.
- 익스텐션 테이블_Extension Table 상판을 연장할 수 있는 테이블의 총칭. 명칭은 형태에 따라 버터플라이 테이블_Butterfly Table, 드로리프 테이블_Drawleaf Table 등으로 다르게 불린다.
- 오토만_Ottoman 발을 올려놓기 위한 스툴. 대개 전체를 천으로 감싼 형태로, 소파나 이지 체어 앞에 둔다. 팔걸이나 등받이가 없는 장의자에 두꺼운 충전재를 넣은 것을 말하기도 한다.
- 카우치_Couch 한쪽 또는 양쪽에 낮은 등받이와 팔걸이가 달린 장의자.
- 찬장 식기를 수납하는 수납장. 칸막이를 겸해 양면으로 쓰는 타입은 해치_Hatch라고 부른다.

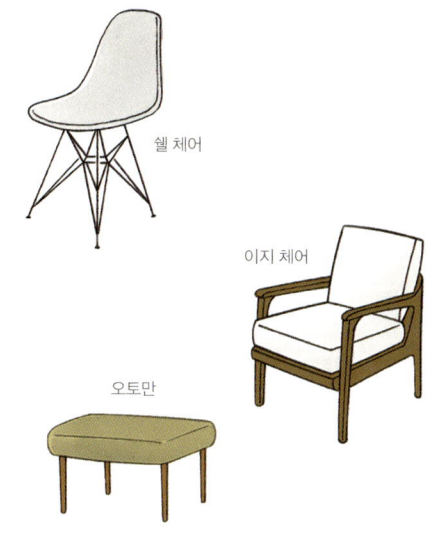

- 수납장 식기장, 장식장, 장롱, 소형 정리함, 보관함 등 수납 가구의 총칭.
- 옷장 의류를 주로 수납하는 공간. 일반적으로 깊이는 벽장보다 얕고 폭은 다양하다.
- 콘솔 테이블_Console Table 벽에 붙여 놓는 작은 장식 테이블. 화병이나 흉상을 장식하기 위한 받침으로 18세기 초에 등장했다.
- 사이드 테이블_Side Table 소파나 의자 옆에 두는 보조 테이블.
- 쉘 체어_Shell Chair 강화 플라스틱과 강철 와이어로 만들어진 조개껍데기처럼 생긴 의자의 총칭. 찰스 & 레이 임스와 이에로 사리넨이 디자인한 작품이 가장 유명하다.
- 스태킹 체어_Stacking Chair 쌓아 올릴 수 있는 의자. 다목적으로 사용되며 수납과 운반에도 편리하다.
- 스툴_Stool 등받이와 팔걸이가 없는 의자. 화장대용이나 보조용으로 쓴다. 기원전 5,000년 이전부터 존재했던 의자의 기원으로 여겨진다. 카운터 앞에 놓기 위해 좌석을 높인 것은 하이 스툴_High Stool이라고 한다.
- 서랍장 의류 또는 소품을 수납하는 상자 모양의 가구. 현재는 서랍이 달린 수납 가구를 부르는 용어로 흔히 사용된다.
- 데크 체어_Deck Chair 나무나 금속 파이프 골격에 면, 마 등의 두꺼운 평직포를 씌운 접이식 의자.

- 네스트 테이블_Nest Table 디자인이 같은 작은 테이블을 큰 테이블 밑에 수납했다가 필요할 때마다 꺼내 쓸 수 있도록 한 것.
- 버터플라이 테이블_Butterfly Table 익스텐션 테이블의 일종으로 상판 가장자리에 달린 보조 상판을 필요할 때 날개처럼 펼칠 수 있는 테이블.
- 비스트로 테이블_Bistro Table 원형 상판에 다리가 하나 달린 작은 테이블.
- 벤치 체스트_Bench Chest 뚜껑을 좌석 겸용으로 쓰는 장의자 또는 의자 밑에 서랍이 달려 있어 수납 기능을 겸한 장의자.
- 랙_Lack 물건을 장식하거나 수납할 수 있는 선반과 대의 총칭
- 러브 체어_Love Chair 2인용 소파. 비스듬히 마주 보고 앉도록 만든 것과 옆에 앉도록 만든 것이 있다. 러브 시트_Love Seat.
- 리클라이닝 체어_Reclining Chair 등받이의 각도를 조절할 수 있는 의자.

File 02 재질·내장재

- **아크릴 래커_Acrylic Lacquer** 아크릴 수지로 만든 도료로 빨리 마르고 내구성이 뛰어나 가구 마감재로 폭넓게 쓰인다.
- **앤티크 마감_Antique Finish** 앤티크 분위기를 내기 위해 인공적으로 낡아 보이게 가공하는 것.
- **웨빙 테이프_Webbing Tape** 소파나 의자의 좌석과 등받이 프레임에 격자 모양으로 감는 긴 고무벨트. 특수 비닐론사에 고무를 섞어 만든 것으로 탄력성이 뛰어나다.
- **우레탄 도장_Urethane Coating** 폴리우레탄 수지를 이용한 마감. 표면에 투명한 막이 생겨서 광택이 나고 흠집, 오염, 열, 수분에 강하며 손질이 간단하다. 단, 완성품에서는 나무 고유의 목질을 느낄 수 없다.
- **우레탄 폼_Urethane Foam** 폴리우레탄 수지를 발포시켜 스펀지 모양으로 만든 쿠션재. 연질 폼과 경질 폼으로 나뉘는데, 연질 폼은 탄성이 있어 주로 의자와 소파의 충전재로 쓰인다. 경질 폼은 단열성이 뛰어나 주로 냉장고의 단열재로 쓰인다.

- **S스프링_S-Spring** 강철선을 S자 모양으로 구부려 만든 탄력성이 뛰어난 용수철. 의자와 소파의 등받이 하단이나 좌석 밑에 쓰인다.
- **MDF_Medium Density Fiberboard** 중질 섬유판. 나무의 섬세한 섬유를 고온 고압에서 압축해 판 모양으로 만든 것. 표면이 평평하고 매끈하며 가공이 편리해서 가구나 창호의 내부재로 많이 쓰인다.
- **오일 마감_Oil Finish** 아마씨유 또는 천연 수지 등의 기름을 바르는 마감 방식. 목재가 기름을 빨아들이므로 도막이 생기지 않아 자연스러운 나뭇결을 즐길 수 있다. 그러나 흠집에 약한 것이 단점이다.
- **오일 스테인_Oil Stein** 목재 착색제. 휘발성 용제에 안료와 아마씨유 등을 혼합한 용액. 목재에 스며들어 착색하므로 나뭇결을 살릴 수 있다.
- **바탕 목재_Base Wood** 도장하지 않고 나뭇결을 그대로 살린 재질 또는 그런 제품.
- **캐치_Catch** 닫힌 문이 열리지 않도록 문짝을 붙잡아주는 부속품. 스프링을 이용한 것과 자석을 이용한 것이 있다.
- **캔버스_Canvas** 면이나 마로 된 두꺼운 평직물. 의자 커버로 많이 쓰인다.

- **쿠션 플로어_Cushion Floor** 비닐로 코팅한 쿠션성 있는 바닥재. 방수 기능이 뛰어나 화장실이나 세면실 등 습기가 많은 곳에 주로 쓰인다.
- **클로스_Cloth** 벽지. 재질은 종이, 비닐, 직물 등이 있으며 색상은 매우 다양하다.
- **규조토_硅藻土** 바다와 호수에 서식하는 규조(플랑크톤)의 사체가 축적되어 화석화된 흙으로, 유해 물질이 없어서 건강에 좋다. 입자에 섬세한 구멍이 수없이 나 있어서 소음 차단 효과, 흡습·방습 효과도 뛰어나다.
- **미장합판_Decorated Plywood** 합판의 표면을 아름답게 보이기 위해 각종 수법으로 가공한 것. 다른 말은 치장합판. 그중에서도 얇게 잘라낸 고급 목재를 붙여 언뜻 보기에 원목재처럼 마감한 것을 무늬목 미장합판이라고 한다.
- **합성피혁_Synthetic Leather** 합성수지로 피혁과 비슷하게 만든 인공 피혁. 변색되지 않고 오염에도 강하지만, 천연피혁보다 통기성과 흡습성이 떨어진다.
- **합판_Plywood** 얇게 잘라 낸 목재 여러 장을 섬유 방향을 엇갈리게 겹쳐서 접착제로 붙인 것. 베니어합판, 플라이우드.
- **회반죽_Plaster** 벽의 미장 마감재로, 소석회에 짚여물* 등의 섬유와 풀을 배합하여 물로 반죽한 것. 습도 조절 기능이 있으며 미장재 특유의 따스한 질감으로 최근에 다시 인기를 끌고 있다.

- **집성재_集成材, Lamination Wood** 두께 2.5~5cm의 블록형 목재를 섬유 방향과 평행하게 이어 접착제로 붙인 것. 비교적 저렴하고 강도가 균일하다. 문틀 등 기본 구조나 붙박이 가구에 쓰인다.
- **미도장 목재_Unpainted Wood** 도료를 칠하지 않은 천연목 그대로의 소재.
- **스틸_Steel** 철, 강철.
- **스테이_Stay** 라이팅 뷰로* 등의 열린 문을 수평으로 유지하기 위한 부속품. 앞으로 당겨서 여는 문을 지지하는 부속은 플랩 스테이_Flap Stay라고 한다.
- **스테인_Stein** 목재를 물들이는 착색제. 수성, 유성 등 종류가 다양하다.
- **코너 블록_Corner Block** 의자의 부속품 중 하나. 좌석 틀을 보강하는 역할을 하며, 대개 접착제와 못을 사용해 고정한다(오른쪽 페이지 그림).
- **슬라이드 레일_Slide Rail** 서랍 등의 개폐를 원활하게 하기 위한 부속품. 레일 안에는 서랍을 가볍게 하기 위한 볼베어링*과 휠이 들어 있으며, 하중과 내용물의 양에 따라 선택이 다양하다.
- **뒤판_Back Board** 가구 뒷부분을 마감하는 3mm 내외의 얇은 합판.

- **뒤벨_Dübel** 두 부재가 어긋나는 것을 방지하기 위해 접합 부분에 구멍을 뚫고 집어넣는 작은 나무 봉. 수납 가구의 선반을 고정하거나 선반 높이와 간격을 조절하기 위해 쓰는 뒤벨을 선반 받침 뒤벨이라고 한다.
- **경첩_Hinge** 문을 개폐하는 축이 되는 부속품.
- **화장재** 합판을 치장하는 용도로 쓰이는 얇은 널빤지로 흔히 베니어라고 부른다.
- **테라코타_Terra Cotta** 점토를 구워낸 것.
- **상판_Top Board** 테이블이나 서랍장 등 가구 맨 윗부분의 널빤지. 갑판.
- **놋쇠_Brass** 동과 아연의 합금.
- **플랩 경첩_Flap Hinge** 뷰로에 쓰는 경첩으로, 축이 수평 방향이다.
- **프린트 화장재_Print-Decorated Wood** 나뭇결 등을 인쇄해 수지 가공한 종이를 합판에 붙여 마감한 목재.

- **마루_Flooring** 목재 또는 목질계 소재로 만들어진 바닥재. 배열 방식으로는 불규칙 배열과 바둑판 배열 등이 있다. 최근에는 널을 한 장씩 깔지 않고 하나의 패턴으로 미리 조합된 패널을 까는 경우가 많다.
- **앞판_Front Board** 서랍 등 가구 전면의 목재.
- **곧은 나뭇결_Straight Grain** 나이테가 평행한 나뭇결로 직결이라고도 한다. 뒤집힘이나 뒤틀림, 갈라짐이 적고 마디가 없다.
- **원목_Solid Wood** 아무것도 붙이거나 섞지 않은 목재. 나무의 특색과 매력은 그대로지만 조달이 어려워서 가격이 비싸다. 건조되면서 뒤집히거나 갈라지기 쉽다는 것 역시 단점이다.
- **멜라민 수지_Melamine Resin** 플라스틱의 일종. 내수성과 내열성이 뛰어나고 가공하기 쉬워서 테이블 상판으로 쓰이거나 가구를 마감하는 도장재로 쓰인다.
- **래커 도장_Lacquer Coating** 수지 등을 녹인 투명한 도료로 나무의 표면에 막을 만드는 마감 방식. 광택이 있으나 막이 얇아서 내구성은 비교적 떨어진다. 나무의 질감을 느낄 수 있다.
- **왁스_Wax** 가구와 바닥재의 오염을 닦아 내는 동시에 피막을 만들어 오염을 방지한다. 고형 타입, 스프레이 타입이 있다.
- **왁스 마감_Wax Finish** 천연 소재로 만든 왁스를 칠하는 마감 방식. 주로 소나무에 쓰인다. 밀랍 성분 일부는 목재에 스며들지만 일부는 표면에 남아서 습기와 오염을 방지한다. 1년에 1~2회 새로 칠해야 한다.

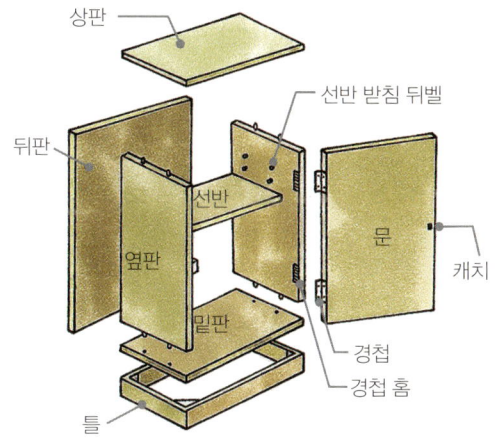

수납 가구의 명칭과 구조

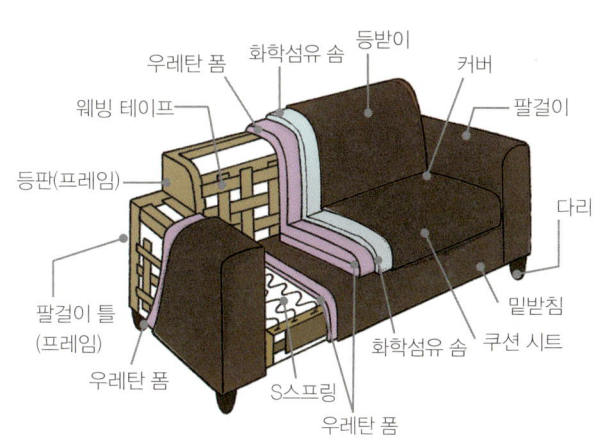

소파의 구조

의자의 부위별 명칭과 구조

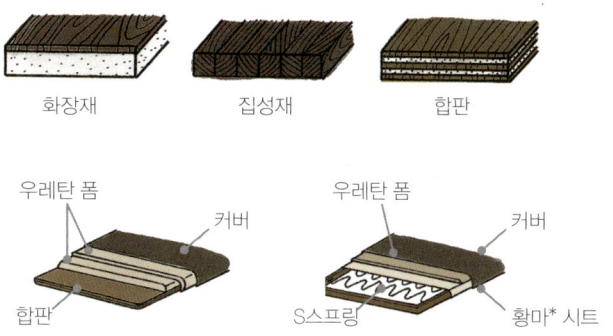

File 03
조명

- ▶ **간접조명** 벽면과 천장 등을 비추어 부드러운 빛을 내고 장식 효과도 있는 조명.
- ▶ **형광등** 방전으로 발생한 자외선이 유리관 내의 형광물질을 자극해 빛을 내도록 하는 광원. 백열등보다 경제적이고 수명이 길다.
- ▶ **코브 조명_Cove Light** 천장과 벽 구석의 움푹 파인 공간에 광원을 숨겨 놓아 천장을 비추게 하는 간접조명.
- ▶ **샹들리에_Chandelier** 천장에서 늘어뜨리는 타입의 조명 기구로 여러 개의 전구를 사용한다.
- ▶ **실링라이트_Ceiling Light** 천장에 직접 다는 조명. 천장 매립형과 직접 설치형이 있다. 넓은 범위를 균등하게 비추므로 전체 조명으로 쓰인다.
- ▶ **스포트라이트_Spot Light** 벽면의 그림이나 선반 위의 물건 등 특정한 곳을 비추는 포인트 조명. 집광성이 높아서 대상물을 효과적으로 돋보이게 한다.

- ▶ **전체(전반) 조명** 공간 전체를 평균적으로 비추는 조명으로, 베이스 조명이라고도 한다.
- ▶ **다운라이트_Down Light** 천장에 매립하는 소형 조명 기구. 기구가 매립되어 눈에 띄지 않으므로 공간이 깔끔해 보인다.
- ▶ **덕트 레일_Duct Rail** 천장에 설치해 스포트라이트 등을 다는 레일로 레일 위에 램프를 자유롭게 달 수 있다. 라이팅 덕트(레일)라고도 한다.
- ▶ **전구형 형광등_Bulb-Shaped Fluorescent Lamp** 백열등과 유사한 모양의 형광등. 백열등보다 비싸지만 수명이 길다. 삼파장 형광등이라고도 한다.
- ▶ **백열등_Incandescent lamp** 필라멘트를 고온으로 가열해 빛을 내는 광원. 형광등보다 따스한 빛을 얻을 수 있고 조광이 간단하지만, 전기료가 많이 든다. 뜨거운 열을 내며 수명은 짧다. 저렴한 것도 특징이다.
- ▶ **할로겐전구_Halogen Lamp** 일반 백열등보다 크기가 작으며, 발광부의 빛이 강해 공간에 명암이 생긴다. 스포트라이트나 다운라이트로 많이 쓰인다.

- ▶ **천장 조명 고정 장치_Ceiling Light Hook** 천장에 조명을 매다는 동시에 고정하는 도구.
- ▶ **부분 조명_Local Illumination** 전체가 아닌 특정한 장소를 비추는 조명 방식 또는 그러한 조명 기구.
- ▶ **브래킷_Bracket** 벽면에 설치하는 조명 기구. 벽에 반사된 빛과 전등갓을 투과한 빛은 공간에 깊이감을 준다.
- ▶ **플로어라이트_Floor Light** 바닥에 놓는 조명으로 플로어 스탠드라고도 부른다.
- ▶ **펜던트라이트_Pendant Light** 코드나 체인으로 천장에 달아서 내려뜨리는 조명 기구.
- ▶ **룩스_LUX** 특정한 장소의 조도(밝기)를 나타내는 단위.
- ▶ **루멘_Lumen** 빛다발의 단위. 기호는 lm.
- ▶ **와트_Watt** 소비 전력을 나타내는 단위.

조명 기구의 종류

코브 조명 / 스포트라이트 / 천장에 직접 설치한 실링라이트 / 샹들리에 / 천장 매립형 다운라이트 / 브래킷

풋라이트 / 플로어 램프 / 테이블 램프 / 플로어 램프 / 펜던트

문·창

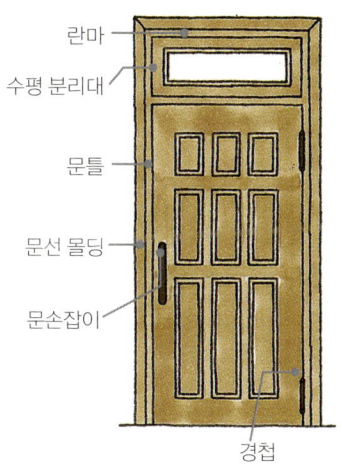

문의 부위별 명칭

▶ 오르내리창_Double Hung Window 상하로 여닫는 창.

▶ 아코디언 커튼_Accordion Curtain 아코디언처럼 접히는 형태의 칸막이. 접문_摺門.

▶ 창 주변 장식_Window Treatment 커튼, 블라인드, 롤스크린 등 창 주변 장식의 총칭.

▶ 케이싱_Casing 문과 창 등 개구와 주변 벽의 마감재를 명확히 구분하기 위해 설치하는 부재.

▶ 커튼_Curtain 창에 달아 늘어뜨리는 막. 외부 시선 차단과 보온·방음·장식 효과가 있다.

▶ 커튼 박스_Curtain Box 커튼레일과 블라인드 상부를 가릴 목적으로 설치하는 박스. 창 주변의 벽 또는 천장에 단다.

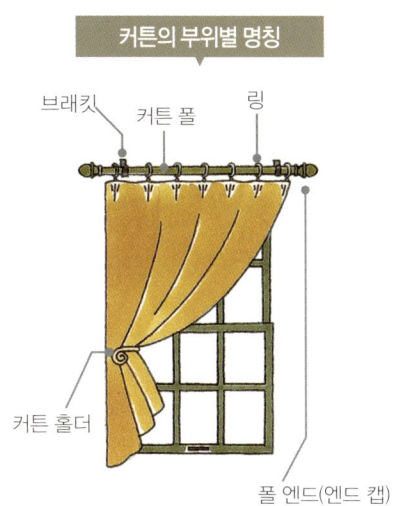

커튼의 부위별 명칭

▶ 커튼 폴_Curtain Pole 커튼 천을 매다는 장식적인 부품.

▶ 차광_Shade 빛을 차단하는 것.

▶ 슬랫_Slat 셔터 등에 있는 얇은 판 모양의 부재. 블라인드의 날개(슬랫) 각도를 조절하면 자유롭게 광량과 외부 시선을 제어할 수 있다. 재질은 대개 두께 0.1~0.2mm의 알루미늄 합금.

▶ 태슬_Tassel 젖힌 커튼을 묶는 끈.

▶ 톱 라이트_Top Light 천창_天窓. 채광과 통풍을 위해 지붕에 설치한 창.

▶ 트리밍_Trimming 커튼 등의 테두리 장식. 트림이라고 한다.

▶ 드레이프_Drape 두꺼운 천으로 만든 중후한 커튼. 드레이퍼리라고도 한다.

▶ 버티컬 블라인드_Vertical Blind 세로형 블라인드로 수직 방향 루버가 달려 있다.

▶ 붙박이 창_Fixed Window 채광을 위해 설치한 창으로 개폐되지 않는 고정창이다.

▶ 밸런스_Valence 커튼 상부에 다는 장식 천으로 상부에서 빛이 새는 것을 방지한다.

▶ 브래킷_Bracket 커튼 폴을 벽에 달기 위한 부품.

▶ 플리츠_Pleats 주름, 접은 자국.

▶ 프린지_Fringe 커튼 등 직물 제품의 테두리에 다는 술 장식.

▶ 베니션 블라인드_Venetian Blind 가로 방향 블라인드. 슬랫을 올리고 내리거나 각도를 조절해 광량을 조절한다. 슬랫의 조작은 끈이나 폴, 전동으로 할 수 있다.

▶ 폴 엔드_Pole End 커튼 폴의 양 끝에 다는 장식.

▶ 상자 주름_Box Pleats 커튼 원단에 주름을 잡는 방식 중 하나로, 단정한 이미지를 풍긴다.

▶ 러너_Runner 커튼 레일에 달려 있으며 커튼 핀을 거는 부속품이다. 커튼이 개폐될 때마다 이동한다.

▶ 루버_Louver 틀에 틈새를 내고 길고 가는 슬랫을 끼워 넣은 것. 판의 각도를 변경하여 채광과 환기를 조절할 수 있다. 시선을 통제하고 방범을 돕는다.

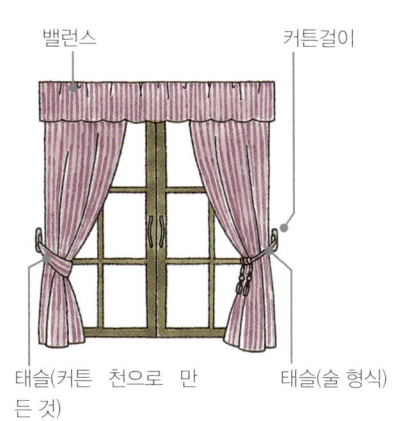

File 05 집 구조

- 애틱_Attic 지붕 밑 공간을 이용한 다락방. 취미 공간이나 아이 방으로 쓰는 경우가 많다. 프랑스어로는 그르니에_Grenier라고 한다. 한편, 지붕 밑의 창고는 로프트_Loft라고 한다.
- 어프로치_Approach 도로에서 각 주택의 현관까지 이어진 통로. 현관 앞 지붕이 달린 주차 공간은 포치_Porch라고 한다.
- 알코브_Alcove 벽면 일부를 움푹 파서 만든 작은 동굴 같은 공간. 서재 코너나 침대 코너를 꾸미는 용도로 쓰일 때가 많다. 알코브보다 작은 것은 니치_Niche라고 한다.
- 오브제_Objet 물체, 대상을 뜻하며 예술성이 있는 작품과 물체를 지칭한다.
- 상인방_Lintel 개구부 등의 상부에 가로로 설치하는 마감재를 말한다.
- 키트_Kit 조립식 가구나 모형 등에 쓰이는 한 세트의 재료. 사용할 도구까지 포함되어 있을 때도 많다.

- 킬림_Kilim 중앙아시아, 서아시아, 북아프리카의 유목민이 즐겨 쓰는 직물. 다채로운 모양과 따스한 느낌의 내추럴한 색감이 특징.
- 크라프트_Craft 수작업으로 만들어진 작품, 수공예품. 장인이 만든 수제품.
- 퀼팅_Quilting 2장의 원단 사이에 털, 면 등의 심지를 넣고 도안에 따라 손과 재봉틀로 꿰매어 모양을 내는 방식. 때로는 누비는 방법도 쓴다. 흔히 퀼트라고 부른다.
- 요벽_Waist-High Partition 일반적으로 창문 높이보다 낮은 높이의 벽을 말한다. 상부는 벽지 마감, 하부는 패널 마감로 마감하는 등 마감재를 달리 할 경우에도 쓰는 말이다.
- 코니스_Cornice 벽을 상하로 구분하는 띠 모양의 장식. 서양식 건축이나 인테리어 디자인에 자주 쓰인다.
- 온실_Conservatory 식물을 추위로부터 보호하는 곳으로, 18세기에 영국에서 유행했다. 지금은 식물뿐만 아니라 사람도 쉬는 공간으로 쓰인다. 야외의 상쾌함과 실내의 쾌적함을 합친 자유로운 공간.

- 콘트랙트_Contract 공공시설용 제품을 말한다. 카펫, 커튼, 가구 등 종류는 다양하다.
- 새니터리_Sanitary 세면실과 욕실, 화장실 등 위생을 위한 공간.
- 실링팬_Ceiling Fan 프로펠러 모양의 날개가 달린 천장용 선풍기. 천장에 고인 공기를 휘저어 열기를 분산시키는 효과가 있다.
- 스킵 플로어_Skip Floor 반 층씩 바닥 높이를 어긋나게 하는 설계. 단차를 주어 모든 공간을 연결하므로 입체감 있는 건물이 된다.
- 스티치_Stitch 바느질 자국을 말한다. 매듭 방식과 마찬가지로 장식적인 것까지 포함하면 유형이 셀 수 없이 많다.
- 스텐실_Stencil 글자나 무늬, 그림 따위의 모양을 오려낸 후 장식하려는 곳에 대고 스프레이와 브러시로 색을 칠해 모양을 표현하는 장식 기술. 벽면이나 목제 소품 등을 장식할 때 쓴다.
- 태피스트리_Tapestry 벽걸이용 직물. 장식적으로 쓰이는 경우가 많아서 대개 미술 작품 같은 색감을 띤다.
- 덴_Den 밀실. 어두침침한 방, 취미실, 조촐한 개인실 등을 가리킨다. 원래는 은신처, 움막이라는 뜻. 북아메리카의 주택에 흔한 공간.

- 니치_Niche 화병이나 잡화를 장식할 수 있도록 벽 일부를 움푹 파 낸 곳.
- 누크_Nook 기분 좋은 은신처라는 의미. 취미실 등의 작은 공간 또는 간단한 식사와 차를 즐길 수 있는 공간을 가리킨다.
- 파일_Pile 수건처럼 둥근 올이 밖으로 나오도록 짠 면직물. 표면을 그렇게 마감한 원단은 파일지라고 한다.
- 하우스웨어_Houseware 가정용품.
- 배스 코트_Bath Court 저녁에 잠시 바람을 쐬며 더위를 식힐 수 있도록 욕실 밖에 설치한 공간.
- 파티오_Patio 스페인의 주택에 흔히 설치되는 안뜰. 건물로 주위를 둘러싸며, 소형 분수나 우물을 두는 것이 특징.
- 발코니_Balcony 건물 외벽의 일부에서 돌출된 공간으로, 지면에서 떨어져 있고 지붕이 없는 옥외 공간. 지면에 붙어 있으면 테라스_Terrace, 지붕이 달려 있으면 베란다_Veranda라고 한다.
- 걸레받이_Plinth 벽의 가장 아랫부분과 바닥 사이에 붙이는 가로판. 벽과 바닥이 만나는 부분을 아름답게 연출하고 벽 하단을 오염과 흠집으로부터 보호하는 역할도 한다. 나무와 염화 비닐로 만든 것이 대부분이다.
- 들보_Crossbeam 지붕과 상층의 무게를 지탱하기 위해 가로로 설치하는 구조재. 한편, 장식용으로 나중에 설치하는 들보를 장식 들보라고 한다.

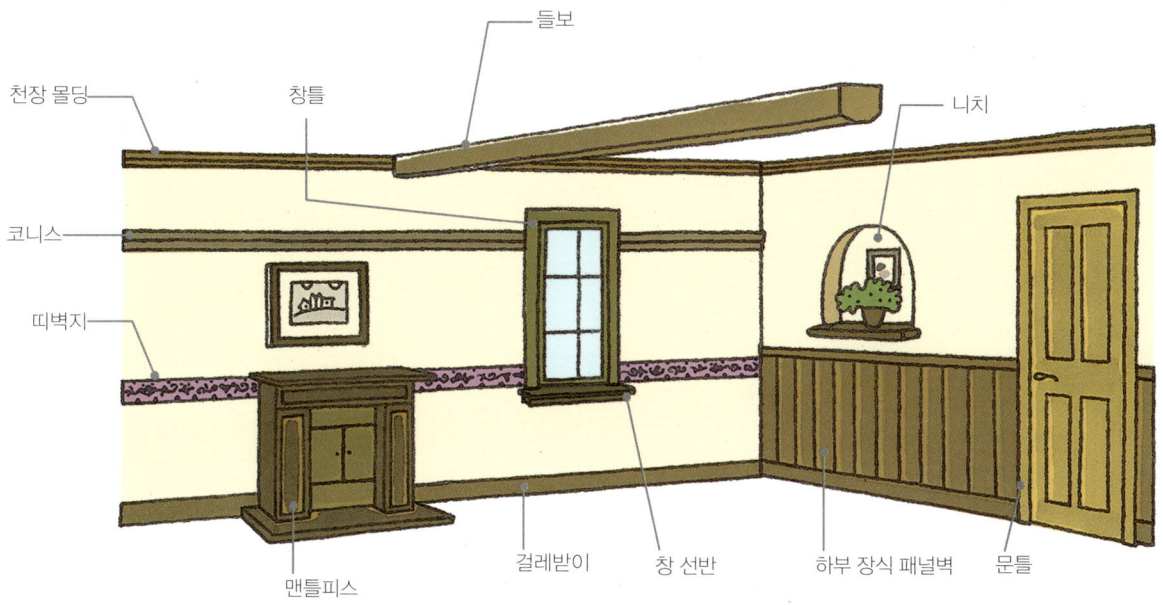

- ▶ 아트리움_Atrium 실내에서 2층 이상의 높이로 된 공간. 위층의 바닥이 없어서 아래층의 천장이 2층 높이인 주택 구조로 개방적인 분위기를 연출할 수 있다.
- ▶ 볼스터_Bolster 원통형 쿠션 또는 베개.
- ▶ 멀티커버_Multi Cover 소파나 침대 커버 등으로 폭넓게 이용할 수 있는 직물 제품.
- ▶ 크라운 몰딩_Crown Molding 천장과 벽 상부 사이에 붙이는 장식 몰딩. 천장과 벽의 경계를 아름답게 보여준다.
- ▶ 맨틀피스_Mantlepiece 벽난로의 개구부를 둘러싼 장식 틀. 나무나 연와, 대리석 등으로 만든다.
- ▶ 메조네트_Maisonnette 중고층 주택에서 한 가구가 2층 이상으로 구성된 것. 복도에 면하지 않은 층은 특히 프라이버시를 유지하기 쉽다.
- ▶ 몰딩_Molding 테두리나 틀 형식으로 건물 내부와 가구를 장식하는 띠 모양의 장식품. 대부분은 세공이 들어간 석고와 목재로 만들어진다.
- ▶ 유틸리티 룸_Utility Room 다용도실, 가사실. 세탁이나 다림질 등 가사를 처리하는 공간. 주부의 개인실로 쓰일 때도 많다.
- ▶ 래티스_Lattice 목재로 만들어진 격자 모양의 칸막이. 정원 장식뿐만 아니라 방의 파티션 등으로도 쓸 수 있다.
- ▶ 리넨_Linen 본래는 마로 만든 직물 전반을 가리키는 말. 요즘은 테이블보나 시트 등 가정 내의 직물을 통틀어 일컫는 말로 쓰인다.

용어 해설

씻어내기 : 미장 공사에서 마감재에 인조석이 포함된 시멘트 반죽 등을 바른 다음, 솔 또는 스프레이건으로 씻어내어 마무리하는 방법. P. 12

고재 古材 : 낡은 건물을 해체할 때 나오는 목재를 재활용할 수 있도록 가공한 것. 낡은 질감이 매력적이어서 바닥이나 내장 마감재 등으로 활용된다. P. 13

캐니스터 : 차·쌀·식료품 등을 담는 뚜껑이 있는 캔. P. 15

고택 : 지은 지 오래 지나 고풍스러운 멋이 있는 집. P. 16

알바 알토 Alvar Aalto : 핀란드 지폐에 얼굴이 새겨질 정도로 유명하고 국민적 사랑을 받는 핀란드의 대표적인 국민 건축가. P. 20

한스 J. 웨그너 Hans J. Wegner : 덴마크의 가구 디자이너. 가구 직공으로 일하다가 후에 코펜하겐의 미술공예학교에서 디자인을 배웠다. 그 후 자신이 졸업한 학교의 강사로 일하면서 수많은 가구 회사와 함께 가구를 만들었다. P. 20

맨틀피스 : 서양식 건축에서 거실이나 홀의 벽난로를 사각형으로 빙 둘러 장식하는 부분. 또는 그와 같은 장식을 한 난로. P. 24

버드배스 : 정원 장식품 중 하나로 새가 목욕을 하거나 물을 마시기 위한 대야. P. 26

반닫이 : 한국의 전통 가구로 앞쪽 윗부분에 아래위로 열고 닫는 문짝이 달린 단층 의류 수납 가구. P. 27

올드 킬림 : 전통 방식으로 만들어진 터키식 융단. P. 27

중립적인 색 : 시대와 세대, 유행에 의해 좌우되지 않고 활약하는 색. 흰색, 검은색, 베이지색, 회색 등 코디네이트하기 쉬운 것이 특징. P. 35

얼리 아메리칸 Early American : 미국의 개척 시대·식민지 시대의 초기 건축·인테리어 양식을 말한다. 유럽 전통 양식의 영향을 많이 받았다. P. 40

셰이커 Shaker : 18세기 후반부터 19세기에 걸쳐 미국에서 셰이커 교도가 제작·사용한 간결하고 실용적인 가구와 그러한 인테리어 스타일을 모두 셰이커라고 부른다. P.40

산타페 Santa Fe : 미국 남서부 뉴멕시코 주 사막 한가운데 있는 도시인 산타페에서 볼 수 있는 특유의 생활 문화를 말한다. 짙푸르고 맑은 코발트 색상의 하늘빛을 자랑하는 이곳의 가구나 인테리어 소품, 패션은 대중의 폭넓은 관심을 받고 있다. P. 40

녹로 : 토기·목공품 등을 성형하는 데 사용하는 회전반. 물레라고도 한다. P.41

개구부 : 채광, 환기, 통풍, 출입을 위해 뚫어놓은 창이나 문을 통틀어 이르는 말. P. 43

샌드베이지 : 모래 빛이 나는 베이지색. 회색이 약간 섞여 푸른 빛이 돌기 때문에 블루 베이지라고도 한다. P. 43

아르네 야콥센 Arne Jacobsen : 합판을 구부려 일명 '개미 의자(앤트 체어)'를 디자인한 덴마크의 건축가. P. 45

프리츠 한센 Fritz Hansen : 덴마크를 대표하는 가구 브랜드. P. 45

루이스 폴센 Louis Poulsen : 139년 전통의 덴마크 왕실 조명 브랜드. P. 47

마리메코 Marimekko : 핀란드를 대표하는 라이프스타일 브랜드. 비비드한 색상과 임팩트 있는 패턴이 특징이며 1960년대에 재클린 케네디가 애용하면서 더욱 유명해졌다. P. 47

무지 : 무늬가 없이 전체가 한 가지 빛깔이거나 그러한 물건. P.49

르 코르뷔지에 Le Corbusier : 스위스 출신의 프랑스 건축가, 화가, 디자이너. P. 49

피에르 잔느레 Pierre Jeanneret : 건축가이자 디자이너. 스위스 출신의 유명 건축가인 르 코르뷔지에의 사촌 동생으로도 알려져 있다. P. 49

샤를로트 페리앙 Charlotte Perriand : 프랑스 출신의 여성 건축가이자 디자이너. P. 49

아일린 그레이 Eileen Gray : 아일랜드의 여성 실내장식가이자 가구 디자이너. 영국 런던 슬레이드 미술학교_Slade School of Art에서 공부하였다. P. 49

카브리올 레그 cabriole leg : 서양 가구 다리의 한 형식으로 상부가 바깥쪽으로 불룩하고 완만한 S형을 이루며, 둥글게 부푼 공 형태의 말단부가 붙어 있는 것이 특징이다. P. 52

갈런드 garland : 화환 장식에 사용되는 꽃으로, 잎이나 가지 등을 이용해 만든 화관, 목걸이 등을 말한다. 인테리어에서는 삼각형의 천이나 종이로 만든 장식을 화관 모양으로 늘어뜨린 것을 의미할 때도 많다. P. 55

밸런스 커튼 valance curtain : 커튼의 봉이나 고리를 가리기 위해 다는 짧은 장막. P. 55

비백 飛白 : 서체의 하나로 글씨가 나는 듯하고 붓자국이 빗자루로 쓴 것처럼 보이는 서체. P. 56

감물 : 날감의 떫은 즙으로 염료로 쓰임. P. 57

웨빙 테이프 webbing tape : 의자의 천을 고정하는 테이프. P. 83

본넬 : 아크릴계 합성섬유. 인조 섬유의 하나. 인형 따위를 만들 때 많이 사용한다. P. 84

다락침대 : 다락침상. 다락처럼 층을 만든 침대. 하부에 수납공간을 넣은 것을 흔히 벙커 침대라고 부른다. P. 96

MDF Medium Density Fibreboard : 중질 섬유판. 목재 섬유에서 불순물을 제거한 다음 만든 섬유판으로, 치밀하고 가벼우며 가공성이 좋다. 창호 틀이나 가구 등에 사용된다. P. 98

파티클보드 : 원목으로 목재를 생산하고 남은 폐 잔재를 부수어 작은 조각으로 만들고 접착제를 섞어 고온 고압으로 압착해 만든 가공재. 원목이 가지는 단점을 보완할 수 있으며, 소리를 잘 흡수하고, 크기나 모양을 다양하게 할 수 있다. 여러 가지 원목의 가공 과정에서 발생하는 폐목재를 재활용한다는 점에서 효율적이고 경제적이다. P. 98

핑거 조인트 : 목재 등의 끝부분을 손가락 모양으로 가공해 그 끝부분을 끼워 맞춰 접착하는 방법. P. 98

비닐레더 : 염화비닐 수지를 사용해서 만든 인조 피혁. 면포_綿布, 마포_麻布를 바탕천으로 해 염화비닐을 도장한 것. 한국에서는 천연 가죽과 달리 이 인조 가죽을 레자라고 통칭한다. P. 101

알마이트 : 알루미늄을 전기 처리해 산화 피막을 만들고, 방수 처리를 해 더욱 강하게 만든 것. P. 101

테렌스 콘란 Terence Conran : 영국의 산업 디자이너이자 작가. P. 102

짜맞춤 : 판재의 끝을 베어 요철을 만들고 이것을 직각으로 짜서 고정하는 이음법. P. 106

마리오 벨리니 Mario Bellini : 이탈리아의 건축 디자이너. P. 107

파이핑 : 의류 용어로 둥그스름한 테두리를 말한다. 끊어낸 천의 밖을 바이어스 천으로 감싸서 정리하는 방법으로, 보통 같은 천을 대지만 배색상 다른 천을 대어 장식하기도 한다. P. 108

아르텍 Artek : 핀란드의 가구 회사로 알바 알토가 아트 디렉터로 일했던 곳이다. P. 109

네스트 테이블 : 같은 소재, 같은 디자인이지만 크기가 조금씩 다른 테이블을 조합해 겹쳐 놓은 것. P. 110

카페 커튼 : 창 위나 밑 부분을 가리는 장식적인 짧은 커튼. P. 112

태피스트리 : 여러 가지 색실로 그림을 짜 넣은 직물. 벽걸이나 가리개 따위의 실내 장식품으로 쓰인다. P. 112

용어 해설

보일 voile : 성글게 짜서 비쳐 보이는 얇고 가벼운 직물. 면이 많으나 마 또는 화학섬유로 된 것도 있다. P. 113

시어 : 매우 얇고 투명해 보이는 평직의 직물. 나일론 등의 화학 섬유로 짠다. 여름용 블라우스나 아동복에 쓰인다. P.113

래미네이트 : 인쇄물 따위의 표면에 폴리에틸렌 필름을 열로 압착해 붙이는 일. P. 113

브라이트 : 폴리에스테르 섬유는 광택과 색감에 따라 세 종류로 나뉜다. 풀덜_Full Dull, FD은 색감이 탁하게 나타나는 실, 세미덜_Semi Dull, SD은 색감이 탁하지도 않고 눈도 부시지 않은 실, 스파크_Spark 또는 브라이트_Bright는 색감이 눈부시고 반짝거리는 실이다. P. 113

패치워크 patchwork : 크고 작은 헝겊 조각을 여러 개 모아 넓은 한 조각을 만드는 기법 또는 그러한 작품. P. 115

티타월 : 다과를 준비할 때 테이블이나 바닥에 까는 직물 매트. 차를 따를 때 티포트의 밑 부분에 대고 흘러내린 차를 닦는 데 사용하며, 흡수력이 좋고 세탁이 편리한 리넨이나 코튼 제품이 대부분이다. P. 115

어저스터 훅 : 올려달기나 내려달기에 모두 쓸 수 있도록 만들어진 커튼 훅. P. 115

노출 콘크리트 : 별도 마감재를 시공하지 않고 콘크리트의 물성을 그대로 드러나게 하는 마감. P. 117

고창 高窓 : 사람의 시선이 닿지 않는 천장 부근에 채광과 통풍을 위해 만든 창. P. 118

상자 주름 : 커튼에 볼륨감을 주기 위해 천을 양쪽으로 접어 뒤쪽이 서로 만나도록 한 둥근 형태의 주름. P. 119

수벽 垂壁 : 천장에서 수직 방향으로 짧게 내린 벽. P. 120

지창 地窓 : 지면 부근에 설치한 낮은 창. 참고로 천장 부근에 설치한 높은 창을 고창_高窓, 천장에 채광을 위해 설치한 창을 천창_天窓이라고 한다. P. 121

기밀성 : 공기, 가스 등의 기체를 통과시키지 않는 성질 또는 그러한 성능. P. 122

꼭지쇠 : 전구의 소켓에 있는 금속으로 이루어진 부분. P. 125

필립 스탁 Philippe Starck : 프랑스에서 태어난 산업 디자이너. 자신만의 독특한 디자인적 발상과 표현력으로 현대 문화를 선도해 나가는 디자이너 중 한 명이다. P. 135

헤어라인 : 스테인리스를 연마해 마감하는 방식. 스테인리스 용접부의 여분을 샌더나 줄을 사용해 제거해 매끄럽게 한 다음 연마해 마감하는 방법으로, 모두 수작업으로 이루어진다. P . 142

엠보스 가공 : 금속 소재를 상하의 형틀 사이에 놓고 압력을 가해 일정한 모양을 표면에 찍어 내는 가공법. P. 142

더치 오븐 : 무쇠 냄비. 미국 서부 시대에 네덜란드 사람이 들여온 제품이라 더치 오븐이라는 이름이 붙었다. 압력솥과 같은 효과를 내며 이것 하나로 거의 모든 요리를 해낼 수 있기 때문에 최근 캠핑족 사이에서 인기를 끌고 있다. P. 144

시로코 팬 : 다익 송풍기로, 앞을 향해 있는 여러 개의 날개가 공기를 빨아들여 배기하는 팬이다. P. 144

회유 回遊 : 동선을 설계할 때는 하나의 설비나 가구 등을 빙빙 돌거나 한 공간에서 여러 방향으로 출입할 수 있게 만든 것을 '회유식 동선'이라 부른다. P. 148

트리플 센서 수전 : 수도꼭지 윗부분에 하나, 아래와 안쪽에 두 개의 센서가 달린 수도꼭지. 위쪽 센서에 손을 가까이 대면 물이 나오고 한 번 더 대면 물이 멈춘다. 아래와 안쪽에 있는 센서는 근처에 무언가 있을 때에만 물이 나와서 물을 아껴 쓸 수 있다. P. 153

에코나비 : 파나소닉 생활가전 제품에 탑재된 에너지 절약 기능. 가전제품이 스스로 사용 전력을 관리하여 전력 낭비를 억

제하는 기능. P. 153

미트로프 : 다진 고기를 식빵 모양으로 오븐에 구운 요리. P. 166

브루노 타우트 Bruno Taut : 독일의 건축가. 제1차 세계대전 전에 철강과 유리 등 새로운 소재를 사용한 작품을 선보였으며, 상상력이 풍부한 환상적인 건축 세계를 스케치해 출판하기도 했다. P. 174

겐모치 이사무 劍持勇 : 일본을 대표하는 세계적인 인테리어 디자이너. 제2차 세계대전 이후에 와타나베 리키, 야나기 소리, 조 다이사쿠, 미즈노에 다다오 등과 함께 재패니스 모던 디자인의 지평을 열었다. P. 174

사카쿠라 준조 坂倉準三 : 일본의 건축가. 르 코르뷔지에에게 사사한 후 모더니즘 건축을 실천했다. 1937년 파리 국제 박람회의 일본관을 설계했는데, 일본 특유의 격자 담장을 떠올리게 하는 디자인과 모더니즘의 이념을 통합해 보여 주어 해외에서도 높은 평가를 받았다. P. 174

밀라노 트리엔날레 : 3년마다 열리는 국제적 미술 전람회. P. 174

미하엘 토네트 Michael Thonet : 독일 출신의 오스트리아 목재 기술자로 가구 디자이너다. 오랜 연구 결과 목재를 증기로 쪄서 굽는 기술을 개발해 단순 명쾌한 디자인의 의자를 만들었다. P. 175

페이퍼코드 : 의자 좌석에 주로 쓰이는 합성 섬유를 섞어 만든 종이끈. P. 175

짚여물 : 짚을 잘게 잘라서 진흙에 섞어 넣어 심벽 등이 마를 때 갈라지지 않게 하는 미장 재료. P. 178

라이팅 뷰로 Writing bureau : 뚜껑 달린 책상. 평소에는 뚜껑을 덮어 두었다가 사용할 때만 뚜껑을 위로 젖히거나 레일을 따라 들어올린다. P. 178

볼베어링 : 굴대와 축받이 사이에 몇 개의 강철 알을 넣어 마찰을 줄이는 베어링. P. 178

황마 : 1.5~5m의 일년생 풀로 부드러운 안쪽 껍질에서 섬유를 채취한다. 섬유는 크림색과 황갈색으로 가늘고 부드러워 방적하기 쉬우나 마찰에 약하다. 실이 매우 굵어 마대와 카펫의 바탕천 등에 쓰인다. 질겨서 핸드백이나 벨트 등에도 사용된다. P. 179

쉽게 배우는 인테리어

1판 15쇄 발행 2024년 2월 19일

지은이 주부의벗사
감수자 김주원
옮긴이 노경아

발행인 김인태
발행처 삼호미디어
등록 1993년 10월 12일 제21-494호
주소 서울특별시 서초구 강남대로 545-21 거림빌딩 4층
문의 02-544-9456 **팩스** 02-512-3593
홈페이지 www.samhomedia.com

ISBN 978-89-7849-507-3 13590

Copyright 2014 by SAMHO MEDIA PUBLISHING CO.

*출판사의 허락없이 무단전재와 무단 복제를 금합니다.
*잘못된 책은 구입처에서 교환해드립니다.